La magia popular y gitana

Una guía completa sobre el paganismo nórdico, la brujería, el curanderismo, la magia judía, la cábala, la brujería romaní y mucho más

© Copyright 2024

Todos los derechos reservados. Ninguna parte de este libro puede ser reproducida de ninguna forma sin el permiso escrito del autor. Los revisores pueden citar breves pasajes en las reseñas.

Descargo de responsabilidad: Ninguna parte de esta publicación puede ser reproducida o transmitida de ninguna forma o por ningún medio, mecánico o electrónico, incluyendo fotocopias o grabaciones, o por ningún sistema de almacenamiento y recuperación de información, o transmitida por correo electrónico sin permiso escrito del editor.

Si bien se ha hecho todo lo posible por verificar la información proporcionada en esta publicación, ni el autor ni el editor asumen responsabilidad alguna por los errores, omisiones o interpretaciones contrarias al tema aquí tratado.

Este libro es solo para fines de entretenimiento. Las opiniones expresadas son únicamente las del autor y no deben tomarse como instrucciones u órdenes de expertos. El lector es responsable de sus propias acciones.

La adhesión a todas las leyes y regulaciones aplicables, incluyendo las leyes internacionales, federales, estatales y locales que rigen la concesión de licencias profesionales, las prácticas comerciales, la publicidad y todos los demás aspectos de la realización de negocios en los EE. UU., Canadá, Reino Unido o cualquier otra jurisdicción es responsabilidad exclusiva del comprador o del lector.

Ni el autor ni el editor asumen responsabilidad alguna en nombre del comprador o lector de estos materiales. Cualquier desaire percibido de cualquier individuo u organización es puramente involuntario.

Su regalo gratuito

¡Gracias por descargar este libro! Si desea aprender más acerca de varios temas de espiritualidad, entonces únase a la comunidad de Mari Silva y obtenga el MP3 de meditación guiada para despertar su tercer ojo. Este MP3 de meditación guiada está diseñado para abrir y fortalecer el tercer ojo para que pueda experimentar un estado superior de conciencia.

https://livetolearn.lpages.co/mari-silva-third-eye-meditation-mp3-spanish/

¡O escanee el código QR!

Índice

PRIMERA PARTE: MAGIA POPULAR 1
  INTRODUCCIÓN 2
  CAPÍTULO 1: FUNDAMENTOS DE LA MAGIA POPULAR 4
  CAPÍTULO 2: ESPIRITUALIDAD AFRICANA 13
  CAPÍTULO 3: BRUJERÍA Y CURANDERISMO 25
  CAPÍTULO 4: BRUJERÍA ESCOCESA 36
  CAPÍTULO 5: DRUIDISMO Y MAGIA CELTA 45
  CAPÍTULO 6: PAGANISMO NÓRDICO 55
  CAPÍTULO 7: LA MAGIA JUDÍA Y LA CÁBALA 64
  CAPÍTULO 8: PLANTAS Y HIERBAS SAGRADAS 74
  CAPÍTULO 9: SIGNOS, SÍMBOLOS Y AMULETOS 84
  CAPÍTULO 10: SU LIBRO DE HECHIZOS DE MAGIA POPULAR 104
  CONCLUSIÓN 114
SEGUNDA PARTE: MAGIA GITANA 116
  INTRODUCCIÓN 117
  CAPÍTULO 1: FUNDAMENTOS DE LA BRUJERÍA GITANA 119
  CAPÍTULO 2: COSTUMBRES, CÓDIGOS Y CREENCIAS 130
  CAPÍTULO 3: PRESAGIOS Y COSTUMBRES GITANAS 138
  CAPÍTULO 4: SIGNOS Y SÍMBOLOS 146
  CAPÍTULO 5: CÓMO HACER AMULETOS Y TALISMANES 156
  CAPÍTULO 6: HIERBAS Y PLANTAS MÁGICAS, UN PEQUEÑO GRIMORIO DE HIERBAS 164
  CAPÍTULO 7: EL TAROT GITANO I. LAS CARTAS 175

CAPÍTULO 8: TAROT GITANO II - LECTURA DE LAS CARTAS 184
CAPÍTULO 9: OTROS TIPOS DE ADIVINACIÓN GITANA 196
CAPÍTULO 10: HECHIZOS Y ENCANTAMIENTOS GITANOS 207
CONCLUSIÓN 214
VEA MÁS LIBROS ESCRITOS POR MARI SILVA 215
SU REGALO GRATUITO 216
REFERENCIAS.. 217

Primera Parte: Magia popular

La guía definitiva del paganismo nórdico, brujería, curanderismo, brujería escocesa, magia judía, Cábala, druidismo y espiritualidad afroamericana

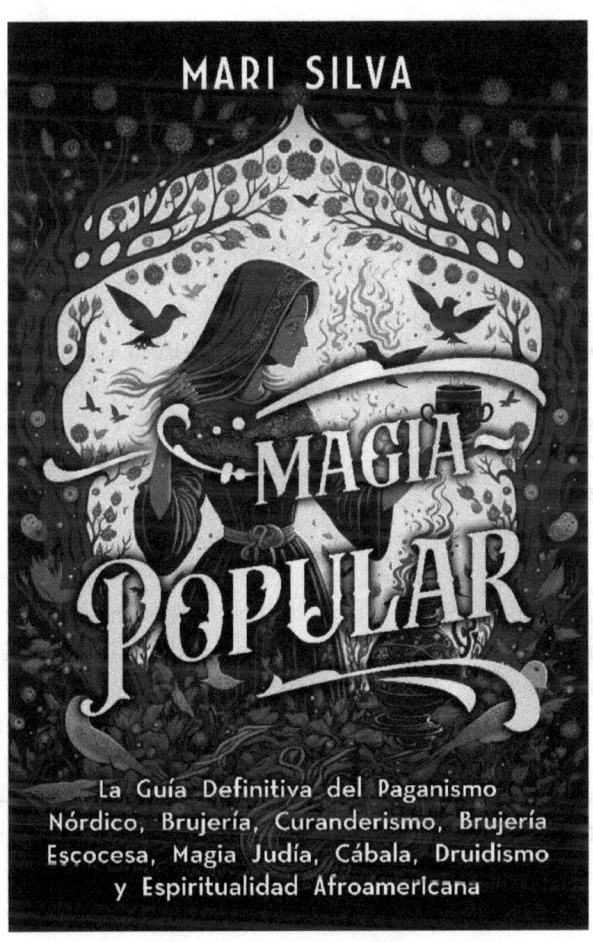

Introducción

Cuando se piensa en prácticas mágicas, a menudo vienen a la mente las tradiciones europeas y de Oriente Medio. Se suele englobar las prácticas mágicas wiccanas, el paganismo, el druidismo y otros sistemas neopaganos. Sin embargo, a lo largo de la historia, las prácticas mágicas han formado parte de muchas otras culturas. Por lo tanto, imaginar que todas las prácticas mágicas se reducen a conceptos paganos es una idea tentadora pero equivocada. Por esa razón, es fundamental incluir vibrantes tradiciones de magia popular como el vudú, el hoodoo, el curanderismo, la brujería y la Cábala, junto con la magia celta y nórdica. La mayoría de los libros de magia popular que existen sólo se centran en las culturas conocidas que practican la magia, omitiendo las menos comunes. Por el contrario, este libro destacará cada cultura y las prácticas mágicas asociadas con amplio detalle.

El paganismo, la brujería y otras prácticas mágicas existen desde hace mucho más tiempo de lo que se cree. Sorprendentemente, estas prácticas son ahora más populares que nunca. Las falsas nociones de brujería y prácticas mágicas han sido comunes a lo largo de la historia. En el pasado, los sospechosos de practicarlas se enfrentaban a peligrosas consecuencias, la excomunión e incluso la muerte. Hoy, afortunadamente, muchas prácticas mágicas se llevan a cabo abiertamente sin miedo. Ya se trate de enseñanzas místicas y ocultistas judías o de prácticas celtas, muchas personas están aprendiendo con avidez las prácticas y enseñanzas de estos antiguos sistemas de creencias.

Tanto si desea conocer las prácticas mágicas de la cultura celta como si desea familiarizarse con la brujería escocesa, este libro será la guía perfecta para usted. Para alguien interesado en las prácticas mágicas pero inseguro de por dónde empezar este viaje, la lectura de este libro le proporcionará el conocimiento suficiente sobre las diversas tradiciones mágicas populares para tomar una decisión informada. Incluso si le interesa una sola cultura, se proporciona mucha información sobre cada una de ellas, junto con sus conceptos y tradiciones fundamentales.

El capítulo inicial le guiará a la hora de elegir con qué cultura mágica popular se identifica más, mientras que los capítulos siguientes tratarán cada cultura mágica popular específica. Cada capítulo detalla la historia y el desarrollo de esa cultura y el sistema de creencias que sigue. También se tratarán en detalle las tradiciones y fiestas de estas culturas para que se haga una idea completa de cómo es la práctica. Aunque le parezca que un solo capítulo no puede abarcar una cultura concreta de forma exhaustiva, proporciona todos los fundamentos necesarios para descubrirla y conectar con ella.

Este libro no pretende convertirle en un maestro de la magia popular en pocas semanas. En cambio, promete que, una vez que lo haya leído, tendrá conocimientos suficientes sobre cada tipo de magia popular para decidir en función de sus preferencias. ¿Y lo mejor? Hemos incluido una sección dedicada al final de cada capítulo con preguntas de autorreflexión para ayudarle a decidir por qué cultura se siente atraído intuitivamente. Sin más preámbulos, si está listo para adentrarse en el mundo de la magia popular y descubrir sus secretos más profundos, ¡comencemos!

Capítulo 1: Fundamentos de la magia popular

Mientras estudia magia y se adentra en este fascinante tema, seguramente aparecerá el término «magia popular». Y es que siempre hay mucha curiosidad en torno a la magia popular y sus practicantes. La gente suele confundirla con la brujería, y algunos incluso creen que los practicantes son necesariamente religiosos y adoran a un señor específico. Otros creen que las personas que practican esta magia son politeístas o adoradores de la naturaleza.

Algunos creen que las personas que practican esta magia son politeístas o adoradores de la naturaleza
https://www.pexels.com/photo/woman-in-traditional-wear-11960754/

Hay una razón por la que la magia popular se asocia a menudo con la religión y los dioses. Los practicantes modernos que trabajan con la magia-religión han adoptado la magia popular en sus prácticas, lo que ha dado lugar a muchos conceptos erróneos sobre esta práctica. Sin embargo, la magia popular es diferente de las prácticas mágicas asociadas a la religión, como el druidismo, la *Wicca* y el chamanismo. En este primer capítulo, aclararemos cualquier concepto erróneo que pueda tener sobre la magia popular y explicaremos qué la diferencia de otros tipos de magia.

Explicación de la magia popular

A pesar de ser una de las prácticas mágicas más antiguas del mundo, la magia popular ha sabido adaptarse a las prácticas modernas y a otras culturas. En esencia, la magia popular es un término general que engloba diversas prácticas mágicas. Lo que distingue a estas prácticas de otros tipos de magia es que todas son practicadas por la gente común. En otras palabras, no es un tipo de magia ceremonial que requiera habilidades específicas o un practicante profesional.

La magia popular se diferencia de otros tipos de magia principalmente por su practicidad. Se centra en cuestiones prácticas y en ayudar a la gente y a la comunidad. Por ejemplo, puede ayudar a las mujeres con problemas de fertilidad, atraer la buena suerte, ayudar a encontrar el amor, ahuyentar a los malos espíritus, curar enfermedades y ayudar a recuperar objetos perdidos. Dado que este tipo de magia la practicaba la gente corriente de la época, a menudo analfabeta, se basaba en tradiciones orales y los hechizos eran lo bastante sencillos como para que pudieran memorizarlos. Trabajar con magia popular no es complicado, ya que la mayoría de los materiales necesarios son comunes e incluyen madera, clavos, plantas, cáscaras de huevo, piedras, monedas y cordeles.

Historia de la magia popular

Por definición, las prácticas folclóricas son antiguas, incluso ancestrales. Por ejemplo, la magia popular escocesa se remonta a una antigua forma de vida. Diferentes culturas influyeron en esta tradición particular, como la sajona, la anglosajona, la gaélica, la picta, la normanda y la nórdica. Tomó prestadas antiguas mitologías y tradiciones hasta formar su propia combinación de folclor y mitos. Aunque la magia popular se ha desarrollado, independizado y creado su propio folclor y mitología, sigue aferrándose a su sistema original de cultura y política.

Por suerte, la magia popular no ha desaparecido en los confines de la historia, ya que muchos literatos fueron capaces de preservarla escribiéndola. Hoy conocemos sus rituales, oraciones, prácticas, creencias, festivales, celebraciones y canciones. Por ejemplo, una de las prácticas más interesantes que nos han llegado es el «Ranns». La gente cantaba estas canciones especiales antes de acostarse, al despertarse, al sembrar las semillas y antes de recoger las cosechas.

Las principales características de la magia popular

La magia popular tiene muchos rasgos distintivos. Para empezar, es una práctica sencilla al alcance de la mayoría, a menudo se practica oralmente y ayuda a resolver problemas cotidianos. Los practicantes también personalizan los rituales y los objetos que utilizan en función del objetivo de su hechizo. La idea es vincular el objetivo y los símbolos.

En general, los hechizos de magia popular utilizan diversos elementos de la naturaleza, como agua, piedras y plantas. Por ejemplo, los practicantes utilizan piedras para ayudar a los enfermos, atan trozos de tela a pozos sagrados para una curación más rápida y utilizan piedras sagradas como herramientas para ver el mundo de los espíritus. Otro rasgo que distingue a la magia popular es que puede practicarse con cualquier tipo de herramienta disponible. A diferencia de muchas otras prácticas, los rituales tampoco desempeñan un gran papel en la magia popular.

Esa es la belleza de la magia popular: es sencilla y, como es la magia de la gente común, no requiere nada especial ni exagerado. Cada practicante puede elegir los métodos que considere oportunos. Este tipo de magia práctica es ideal para las necesidades diarias normales y puede practicarse con el mínimo esfuerzo.

Magia popular frente a brujería y magia ceremonial

Como se ha dicho, la magia popular difiere del druidismo, la *Wicca*, y la brujería. Cada uno de estos tipos de magia tiene sus propias creencias y tradiciones. Sin embargo, todos fueron fuertemente influenciados por la magia popular. La mayoría de las veces, la gente trata la brujería como un término general que abarca todos los tipos de magia. Sin embargo, la brujería es un tipo propio y difiere de otros tipos de magia, especialmente de la magia popular.

Es difícil comparar la magia popular con la brujería, ya que los practicantes populares no están interesados en las brujas. De hecho, las consideran malignas. Esto es algo significativo en las creencias de la magia popular que es útil recordar si alguna vez se encuentra con practicantes populares. Algunos practicantes, especialmente los escoceses, consideran ofensivo que se les compare o relacione con brujas. A diferencia de la brujería, la magia popular no está asociada ni influida por la religión. No rinden culto a una deidad concreta y no tienen que seguir un conjunto específico de creencias para practicar este tipo de magia. Como la magia popular es antigua, sus planteamientos e ideas no han tomado nada prestado de las religiones modernas. Sin embargo, varias prácticas de magia popular conservadas en obras literarias se cristianizaron posteriormente.

Es bien sabido cómo se trataba en la Europa de antaño a la magia y a quienes la practicaban o eran sospechosos de practicarla. Algunos incluso afirmaban que los cristianos creían que la magia popular era lo mismo que la brujería y perseguían a sus practicantes. Sin embargo, estas afirmaciones no son ciertas. La brujería y la magia popular son a menudo opuestas. Los practicantes de magia popular eran respetados en sus comunidades, ya que el objetivo principal de su magia era ayudar y curar a la gente. Por otro lado, la brujería no servía a la comunidad y a menudo se consideraba maligna o perjudicial.

La brujería, la *Wicca* y otros tipos de magia han tomado prestadas varias técnicas de la magia ceremonial, como la invocación a dioses y diosas o la formación de círculos para practicar la magia. En cambio, la magia popular no utiliza ninguna de estas técnicas ni las toma prestadas de la magia ceremonial. La magia ceremonial también es conocida por el uso de rituales, otro aspecto que la distingue de la magia popular. A diferencia de la magia popular, los practicantes de magia ceremonial necesitan ciertas herramientas y accesorios para su práctica, denominados armas ceremoniales.

Gente astuta

Si se escribe «magia popular» en cualquier buscador, aparecerán con frecuencia las palabras «gente astuta». ¿Quiénes eran los astutos y cómo se asociaban con la magia popular? El término «gente astuta» designa a los adivinos, practicantes de magia popular y curanderos que vivieron en Europa durante la Edad Media, hasta el siglo XX. Durante siglos, la gente astuta trabajó para ayudar a sus comunidades prestando diversos servicios que a menudo implicaban magia. Esta gente era muy trabajadora y hacía todo lo posible por ayudar a sus comunidades e incluso a las vecinas. Viajaban kilómetros para ayudar a los enfermos, ofrecían un oído comprensivo y un hombro sobre el que llorar a los necesitados, y utilizaban su magia para ayudar a los afligidos. Cualquier practicante de magia actual está influido por los sabios. Estos hombres y mujeres sabios eran muy respetados y conocidos por sus inmensos conocimientos.

Sin embargo, los sabios no se autodenominaban así. Fueron los historiadores quienes se refirieron a ellos con esa denominación poco halagüeña. Los astutos desempeñaban un papel importante en el mundo de la magia, y todo el mundo conocía al menos a un astuto. Se les trataba de forma diferente a los demás que practicaban la magia, ya que no eran brujos ni se les asociaba con la brujería. La gente veía su magia como algo útil y no como algo maligno.

La práctica de la magia popular permitía a estos individuos dotados ayudar a los demás y encontrar soluciones a los problemas con los que se encontraba la gente común. Por eso el término se asocia a menudo con la magia popular, porque muchos de sus practicantes eran gente astuta y utilizaban su magia con benevolencia. Sin embargo, a diferencia de otros practicantes de magia popular, los astutos sabían leer y escribir. La magia popular practicada por este grupo viajó más allá de Europa y se hizo popular en otras partes del mundo, especialmente en Norteamérica.

Trayectoria cultural de la magia popular

Ahora que conoce el concepto de magia popular, probablemente se pregunte cómo puede empezar a practicarla. Aunque la magia popular no parece complicada, ya que se trata de la magia del pueblo, tiene un reto importante que los principiantes suelen encontrar. Los practicantes de magia popular luchan por encontrar el camino cultural adecuado para ellos. En esta sección dedicada, nos centraremos en los caminos culturales de la magia popular para que pueda elegir el que más le convenga.

Hoodoo

Es una de las prácticas tradicionales de magia popular con profundas raíces. La palabra «hoodoo» no significa lo mismo para todo el mundo, sino que depende del tipo de práctica y de los practicantes. A menudo se denomina trabajo de raíces o conjuros. El hoodoo se originó de diversas prácticas africanas durante el siglo XIX. Llegó a Estados Unidos y se fusionó con prácticas mágicas populares, hoodoo en África, muchos de sus practicantes son afroamericanos. Sin embargo, también lo practican personas de otras culturas y orígenes. Algunos practicantes de hoodoo han aprendido esta práctica de sus familiares, ya que a menudo se transmite de generación en generación. La práctica del hoodoo tradicional se ha mantenido igual desde que se originó.

Como el hoodoo es una rama de la magia popular, la mayoría de sus hechizos son prácticos y tienen que ver con la lujuria, el amor y el dinero. Aunque el hoodoo no es una práctica pagana y sus seguidores no adoran a ninguna deidad, algunos veneran mucho a sus antepasados. Dicho esto, un gran número de sus practicantes son cristianos devotos. En algunas regiones de Estados Unidos, la gente practica la magia de las montañas, a la que suelen referirse como hoodoo. Los practicantes de este tipo de hoodoo incorporan diversas herramientas a su práctica, como amuletos, talismanes y presagios.

Es esencial tener en cuenta que el hoodoo y el vudú son dos prácticas distintas. Es fácil confundirlas debido a que se escriben de forma parecida, pero no podrían ser más diferentes. El vudú gira en torno a prácticas religiosas y al culto a diversas deidades que no están asociadas a la magia popular. Sin embargo, comparten el mismo trasfondo, ya que ambas se originaron en África.

Si piensa practicar la magia hoodoo, debería empezar por leer sobre la historia de los africanos y las luchas y traumas a los que se enfrentaron debido a la esclavitud.

Pow-wow

A menudo denominado «*braucherei*», el Pow-wow es otro tipo de magia popular. Esta práctica se centra en la curación de los enfermos y la elaboración de remedios. Los estadounidenses de ascendencia alemana que vivían en Pensilvania fueron los primeros en practicar este tipo de magia. Los amuletos, remedios y rituales del Pow-wow se originaron en Europa y más tarde llegaron a Estados Unidos, concretamente a Pensilvania. Este interesante nombre procede de la lengua algonquina y hace referencia a un ritual de curación.

Por cierto, una práctica popular entre los nativos americanos lleva el mismo nombre, lo que a menudo causa confusión entre los practicantes de magia. Sin embargo, la magia popular Pow-wow es diferente de su homónima. Los colonos europeos que se mezclaron con los nativos americanos adoptaron el término Pow-wow, que describía un ritual de curación. El Pow-wow de los nativos americanos consiste en una reunión de personas de diversas culturas en la que bailan, cantan, celebran y practican rituales. Sin embargo, ambas prácticas comparten su etimología. Hoy en día, los practicantes prefieren el término *braucherei* para diferenciar entre el Pow-wow de magia popular y la versión de los nativos americanos.

En el siglo XVII, muchos nativos americanos vivían en Pensilvania. Varias tribus residían en el lugar, mientras que otras visitaban la región ocasionalmente. A finales del siglo XVII y a lo largo del XVIII, los colonos europeos llegaron a Pensilvania. Algunos de estos colonos eran alemanes, y estos recién llegados tenían su propia religión, creencias y tradiciones. Como resultado, sus prácticas mágicas eran principalmente religiosas. La religión desempeñaba un papel importante en sus prácticas, ya que veneraban mucho a los santos católicos, y las oraciones y bendiciones formaban una gran parte de sus vidas. Las prácticas curativas a menudo incluían remedios herbales, la invocación de un dios y objetos sagrados. Utilizaban y siguen utilizando símbolos sagrados para protegerse a sí mismos, a sus familias y sus hogares. Los granjeros siguen decorando sus graneros con diversos signos hexagonales para invocar protección.

La influencia religiosa sobre el Pow-wow no se extinguió con el paso de los años. De hecho, los practicantes se han basado en la Biblia y han incorporado diversos versículos a sus prácticas. La magia y la religión estaban muy integradas, ya que los practicantes creían que sólo Dios podía proporcionar curación. Según sus creencias, no había forma mejor ni más eficaz de practicar la magia popular curativa que las escrituras. Los practicantes del Pow-wow solían utilizar amuletos y hechizos que pertenecían a los católicos que vivían en la Europa medieval. Por aquel entonces, estos católicos utilizaban hechizos y encantamientos como protección contra la magia maligna y la brujería. Por ejemplo, los utilizaban para proteger su ganado, detener hemorragias, tratar quemaduras, defender contra robos, curar fiebres y como amuleto de buena suerte ante la corte.

El Pow-wow sigue siendo una práctica común para muchos practicantes hasta nuestros días. A los practicantes masculinos se les llama Braucher, mientras que a las practicantes femeninas se les llama Braucherin. En otras comunidades de Pensilvania, se les conoce como Pow-wowers o Pow-wow doctors, debido a su condición de curanderos. El Pow-wow, al igual que la magia popular, se basaba principalmente en la tradición oral. Los conjuros, rituales, amuletos y oraciones nunca se escribían, sino que se transmitían oralmente de generación en generación. Los hombres enseñaban a las mujeres y viceversa. Los practicantes de este tipo de magia creían que sólo los estudiantes que querían ayudar a los demás y marcar la diferencia en el mundo debían aprender Pow-wow. Memorizaban sus oraciones y rituales y juraban compartirlos con quienes creían que habían sido elegidos por Dios para proporcionar curación a los enfermos.

Hay ciertas reglas que todo practicante de Pow-wow debe cumplir:

- Bajo ninguna circunstancia los practicantes deben cobrar por sus servicios
- Nunca deben revelar el nombre de la persona que le introdujo en el Pow-wow
- Para practicar Pow-wow, debe ser cristiano, adorar al Dios cristiano y seguir las enseñanzas de la Biblia

Ahora que ya conoce los principales tipos de magia folclórica y sus vías culturales, puede elegir aquella con la que se sienta más identificado. Si no puede decidirse, puede aplicar la magia ecléctica y mezclar tradiciones. Dicho esto, antes de decidirse por un camino cultural, es aconsejable que investigue su árbol genealógico para saber más sobre su herencia cultural. Este paso es necesario para ayudarle a elegir la cultura adecuada y situarse en el camino correcto. La fe es otra herramienta poderosa que puede guiarle hacia la elección correcta. De hecho, la fe y la intención son elementos esenciales en todos los tipos de magia, incluida la magia popular. La intención, la fe y la exploración de su árbol genealógico son los principales factores que pueden ayudar a cualquiera a decidir qué cultura seguir.

Elegir un camino cultural es sólo el principio del viaje. El siguiente paso es aprender todo lo posible sobre esa cultura. Para ello, investigue y lea sobre la historia, las creencias, las costumbres y las tradiciones de la cultura elegida. Aunque puede encontrar muchos recursos útiles en Internet, lo mejor es pedir ayuda a los profesionales de su comunidad. Puede hablar con ellos, pedirles consejo, hacerles preguntas y tener la oportunidad de aprender de primera mano de practicantes experimentados. Si algún pariente es practicante, también puede proporcionarle información útil sobre su árbol genealógico y los distintos caminos culturales.

Este capítulo es sólo el principio de un viaje personal y fascinante. En los próximos capítulos se tratarán las prácticas populares más extendidas. Los beneficiosos conocimientos con los que se encontrará le serán muy útiles a medida que se embarque en su viaje como practicante de magia popular.

La magia puede ser una fuerza para el bien o para el mal, dependiendo de la práctica que elija y de cómo piense utilizarla. La magia popular ha demostrado ser una fuerza para el bien a lo largo de los siglos. Las personas deseosas de ayudar a los demás y servir a su comunidad practican esta magia e intentan apartarse de la brujería o de cualquier tipo de magia que no beneficie a la humanidad o al bien común. La magia popular es la magia de la gente corriente, en la que los curanderos dedican su vida a aliviar el dolor de las personas, proporcionar consuelo y garantizar su seguridad.

Capítulo 2: Espiritualidad africana

La espiritualidad africana es un amplio paraguas que incluye numerosas tradiciones con diversas costumbres y creencias espirituales. Este capítulo profundizará en los fundamentos de la espiritualidad africana. En este capítulo, conocerá los orígenes de la espiritualidad africana y cómo diversas fuerzas externas influyeron en nuestra percepción moderna de este sistema. Conocerá algunas de las principales tradiciones y sistemas de creencias más populares de África y comprenderá sus características y creencias principales. Por último, conocerá el panteón africano, sus deidades más populares y los métodos de culto más comunes.

La espiritualidad africana es un amplio paraguas que incluye numerosas tradiciones con diversas costumbres y creencias espirituales

https://www.pexels.com/photo/person-holding-lighted-candle-in-dark-room-6144036/

Los orígenes de la espiritualidad africana

La espiritualidad africana es el crisol de numerosas culturas, naciones y tradiciones. Combina todo lo natural y lo sobrenatural. Incluso cuando el islam y el cristianismo llegaron al continente, los practicantes de la espiritualidad africana consiguieron sortear estas doctrinas incorporándolas a su sistema espiritual con sus deidades y creencias. A pesar de la excepcional diversidad del continente, sigue manteniendo algunas similitudes intrínsecas.

Como África estuvo sometida al colonialismo a lo largo de los siglos, las deidades, el folclor, las leyendas, las tradiciones y las creencias africanas fueron mancilladas, a menudo a la fuerza, por forasteros. Sin embargo, en la mayoría de los casos, los nativos pudieron mantener intactas algunas partes de sus prácticas. Muchas de las antiguas creencias africanas siguen siendo importantes hoy en día.

La mayoría de los sistemas espirituales africanos creen en la existencia de un dios supremo. Para ellos, esta fuerza divina reina sobre todos los seres vivos y objetos no vivos de todo el universo y los cielos. También creen que este dios gobierna a las deidades y espíritus del reino espiritual. También creen en la veneración de los antepasados, razón por la cual los ancianos son tratados con el máximo respeto. La espiritualidad africana sugiere que existe una vida después de la muerte, lo que explica por qué los practicantes sacrifican animales cuando alguien fallece. Creen que permite al difunto viajar fácilmente al reino ancestral.

Muchas culturas africanas también celebran ritos de paso y rituales para celebrar el nacimiento, la entrada en la edad adulta y la muerte. Cuando los individuos entran en la pubertad, se les celebra con una fase de iniciación que incluye rituales, la transmisión de secretos y conocimientos tribales y la circuncisión masculina. El folclor suele acercarse a la brujería con asombro, considerándola también con cierto nivel de precaución y temor. Los no practicantes suelen utilizar el término «brujo» para referirse a los practicantes espirituales, profetas, chamanes y curanderos tradicionales. Sin embargo, en la cultura africana existe una gran distinción entre estas entidades y prácticas como la magia negra, la hechicería y la brujería.

Varios sistemas espirituales africanos están influidos e incluso basados en versiones africanizadas de religiones mundiales extranjeras. Los orígenes religiosos africanos se basan principalmente en transmisiones orales. Sería un reto plasmar con éxito las tradiciones orales y literarias en forma escrita porque no son novelas, sino más bien obras de teatro animadas. Los mensajes se captarían mejor a través de representaciones que de relatos escritos. Estas piezas perderían su significado, matices, sutilezas, viveza y claridad si no se acompañaran de danzas tradicionales, sonido, voz, expresiones faciales y lenguaje corporal.

No existen textos antiguos escritos que guíen a los practicantes modernos a través de las prácticas espirituales. Sólo realizaban rituales y practicaban transmisiones orales, a menudo en secreto después de que el cristianismo y el islam arrasaran el continente. Por desgracia, muchos escritores extranjeros quisieron glorificar sus logros y mostrar su autoproclamada superioridad moral describiendo las antiguas prácticas espirituales africanas como salvajes, bárbaras, pecaminosas e incivilizadas.

Durante años, esta fue la percepción que el mundo tuvo de la espiritualidad africana, ya que no había opiniones contrarias de los propios practicantes. Las antiguas naciones africanas fueron objeto de genocidios y crueldad por parte de extranjeros que emprendieron conquistas religiosas y coloniales.

Los antiguos espiritistas africanos no tenían que registrar sus creencias por escrito porque cada grupo tenía sus propios narradores expertos que transmitían la práctica de generación en generación. Los narradores formados actuaban como escribas y sacerdotes de la época. Educaban a la gente sobre la herencia y la historia de su sistema de creencias para perpetuarlo.

Aunque este sistema funcionó durante siglos, se convirtió en un problema cuando las tribus empezaron a separarse unas de otras. Sólo unos pocos vestigios de la historia permanecieron con ellos. Por ejemplo, los antiguos pueblos nguni de Sudáfrica sólo saben que sus antepasados eran del «norte» y residían cerca de los grandes lagos. Cuanto más se separaban y se alejaban, más breves y vagos se volvían sus relatos. Su historia empezaba a ser sustituida por acontecimientos más recientes.

Se cree que los mitos, cuentos y deidades de los africanos surgieron espiritualmente durante esa época. Durante este periodo, la gente se vio obligada a pensar de forma más pragmática y a reflexionar sobre sus experiencias. Empezaron a utilizar metáforas y símbolos animales para enseñar lecciones morales, mitos, historias de origen, deidades y sistemas de creencias. También utilizaban la narración para explicar los orígenes del mundo y la creación y por qué todo es exactamente como es.

Los ancianos instruían a su extensa familia sobre etiqueta y lecciones morales. Otra razón por la que los ancianos eran miembros estimados de la sociedad es que asumían el papel de filósofos, consejeros y mentores de la comunidad y la familia. Incluso los reyes y los jefes de tribu creaban consejos formados por ancianos para que les orientaran y aconsejaran personalmente.

Según la cultura africana, la espiritualidad está relacionada con todos los aspectos de la vida. No puede separarse de lo mundano. Algunos investigadores rechazan hoy esta idea y sugieren que los africanos de la diáspora influyeron en las antiguas tradiciones con percepciones religiosas modernas. Sin embargo, en realidad, no sabemos hasta qué punto es exacto nuestro conocimiento de los antiguos mitos y deidades africanos. Los narradores interpretan las historias generacionales tal y como les enseñaron. Nadie puede garantizar que se hicieran cambios intencionados y se perdieran detalles con el paso de los años. Además, la evolución de los dialectos dificulta el rastreo de los orígenes exactos de estos cuentos, así como de las deidades africanas.

Principales tradiciones de la espiritualidad africana

A continuación, se enumeran algunas de las principales tradiciones de la espiritualidad africana:

Kemetismo

El kemetismo es la nueva forma del antiguo sistema de creencias egipcio conocido como neopaganismo egipcio o neterismo. Existen numerosos grupos de practicantes de la espiritualidad kemética, cada uno de los cuales adopta un enfoque espiritual diferente.

El término «kemetismo» deriva de la palabra Kemet, el antiguo nombre de Egipto. Los practicantes de esta religión pretenden poner en práctica rituales y creencias espirituales del antiguo Egipto. La espiritualidad del antiguo Egipto es un tema extremadamente complejo que muchos historiadores aún no han llegado a comprender. Dicho esto, los practicantes del kemetismo confían plenamente en lo que entienden.

La creencia central del kemetismo es el concepto de Ma'at, que es la idea del equilibrio divino. Se cree que es la fuerza rectora y motriz del universo. Ma'at, la diosa, proporciona 42 leyes que tratan pautas éticas y morales que una persona debe seguir para renacer en la otra vida.

También creen en Netjer, considerado el único ser supremo. Según la antigua mitología egipcia, todas las deidades del panteón son manifestaciones de este dios supremo.

Algunas creencias keméticas son muy controvertidas. Por ejemplo, mientras que algunos practicantes creen que es una religión politeísta, lo que les permite adorar a varios dioses, otros sugieren que es un sistema de creencias monoteísta. Este debate es el resultado de la naturaleza de Netjer. Aunque es un único dios supremo, tiene varias manifestaciones. Muchos individuos keméticos también creen en la veneración ancestral y a menudo rezan a sus antepasados para que los guíen. Cualquiera puede volverse kemético, ya que no requiere un procedimiento de iniciación específico.

Vudú

También conocido como vodú o *vodoun*, el vudú es una religión que combina creencias espirituales africanas nativas y el catolicismo romano. La parte nativa africana del sistema de creencias procede de la religión del pueblo Dahomey de África Occidental. Este sistema de creencias se practica actualmente en Nueva Orleans, Haití y otras regiones del Caribe.

El vudú empezó cuando los esclavos africanos trajeron sus creencias tradicionales al «Nuevo Mundo». Sin embargo, como sus dueños les prohibieron sus prácticas espirituales, recurrieron a encontrar a sus dioses en santos católicos. También utilizaron la imaginería de la Iglesia católica para practicar sus rituales autóctonos. Los practicantes del vudú pueden elegir ser cristianos, pero generalmente se adhieren a la Iglesia católica; en ese caso, pueden considerar que los espíritus y los santos son la misma cosa.

Los practicantes del vudú son monoteístas y creen en un único dios supremo, conocido como Bondye. También creen en la existencia de seres de menor prominencia, conocidos como los Iwa. Éstos se dividen en las familias de Ghede, Rada y Petro, más implicadas en la vida cotidiana. Los Iwa y los humanos tienen una conexión recíproca, en la que los Iwa ofrecen a los practicantes su ayuda a cambio de comida y ofrendas. También creen en la existencia del más allá. Creen que las almas de las personas permanecen allá hasta que renacen tras la muerte. Para practicar el vudú es necesario someterse a un largo periodo de iniciación.

Santería

Al igual que el vudú, la santería es una religión sincrética. Mezcla la espiritualidad yoruba, procedente de África Occidental, influencias tradicionales caribeñas y aspectos del catolicismo. También se creó cuando los africanos esclavizados fueron enviados a trabajar al Caribe.

Los esclavos también consideraron más seguro venerar a los santos como símbolos de sus ancestrales orishas yorubas o entidades divinas. Según las tradiciones yorubas, los orishas son mensajeros entre el reino divino y el mundo de los humanos. Este sistema de creencias se basa en prácticas mágicas para invocar a los orishas mediante métodos de adivinación, prácticas rituales, sacrificios, posesión y trances.

Muchos estadounidenses practican hoy la santería con la guía de un sumo sacerdote, sobre todo cuando se celebran ceremonias o rituales. Antes de ser iniciado, un santero o sumo sacerdote debe someterse a un periodo de prueba y cumplir ciertos requisitos, entre los que se incluyen el asesoramiento y la práctica de la adivinación y la herboristería. Los orishas determinan si el candidato es apto para el sacerdocio.

Entre los orishas se encuentran Elegua (mensajero entre los humanos y lo divino), Yemaya (la esencia de la maternidad), Babalu Aye (el «Padre del mundo»), Chango (la encarnación de la sexualidad y la energía masculina) y Oya, el guardián de los que han fallecido. Cada uno de estos Orishas es el equivalente santero de una figura o santo católico prominente.

La santería no se preocupa mucho por el más allá. Más bien se centra en el momento presente y en las fuerzas naturales. Cada una de las deidades santeras representa un determinado aspecto o elemento de la naturaleza, como el aire, o un rasgo humano, como la fuerza. Para practicar la santería, hay que completar una serie de ritos de iniciación.

El panteón africano

El término «panteón africano» comprende numerosas tribus, sistemas de creencias y deidades. La mayoría de los sistemas de creencias espirituales africanos tienen sus propios panteones. Por ejemplo, el panteón vudú consta de 8 deidades: Legba, Ayizan, Damballah, Egwe, Zaka, Egou, Guede y Rzulie (Freda) Dahomey. Algunas religiones creen en una deidad suprema, como Juok, Roog, Olodumare, Nyame y Chukwu, y todas ellas poseen en general rasgos similares. Como no podemos incluir a todos los dioses africanos en este capítulo, hemos reunido a diez de las deidades africanas más poderosas. Esta sección es un buen punto de partida para los panteones africanos y puede dar una idea de las características de las deidades africanas significativas.

Shango

Shango es el Orisha del trueno. Es conocido por su capacidad para golpear con rayos y truenos a todo aquel que cometa un delito. Si el delincuente es un ladrón, se le coloca en el pecho el objeto que ha robado y luego se le fulmina. Además de ser considerado el dios africano más poderoso, es uno de los más populares en todo el mundo. Shango es la deidad de numerosos asuntos, como el mantenimiento del orden social, la venganza y la protección. Se cree que anuncia su presencia con una tormenta eléctrica.

Nana Buluku

Nana Buluku es una diosa africana y la diosa suprema del pueblo Fon. Aunque los Fon proceden de las ovejas de Togo y Benín, la prominencia de Nana Buluku se extiende mucho más allá de la frontera de estas regiones. Mientras que los yorubas la llaman por ese nombre, los igbos se refieren a ella como Olisabuluwa. Se cree que es la madre del dios gemelo del sol y la luna, Mawu-Lisa.

Mawu-Lisa

Mawu-Lisa es una deidad gemela que se cree que es tanto femenina como masculina. Su aspecto Mawu es la deidad de la luna, y Lisa es la deidad del sol. Son responsables de mantener el orden en el mundo.

Alekwu

Alekwu es uno de los dioses venerados por los idoma del norte de Nigeria. Es una deidad poderosa conocida por resolver disputas, proteger y mantener el orden social. Se cree que esta deidad puede cazar y asesinar a su enemigo en un plazo de una a tres semanas. Es un temido castigador para aquellos que cometen o sirven de cómplices en cualquier crimen. Sus seguidores creen que es omnipresente, lo que significa que la distancia no le impedirá proteger o castigar a la gente.

Inkosazana

También conocida como Nomkhubuluwana, Inkosazana es la deidad zulú de la agricultura y la fertilidad. Sus seguidores se refieren a ella como la «sirena», ya que creen que reside en el agua y se manifiesta en esa forma y en la de otros animales. Es la protectora de todos y sólo se hace presente a los puros de corazón. Aparece en los sueños, en las nubes brumosas y en las aguas neblinosas, y cura a los enfermos.

Sho'risdal
Esta diosa bereber es un ser muy compasivo. Se cree que es la madre de la abundancia y la vida. Se dice que sus cambios de humor provocan el cambio de las estaciones. Irónicamente, esta deidad de la vida y la abundancia es la esposa de Vyinsul, la deidad de la muerte.

Ngai
Los kikuyus consideran a Ngai el dios de toda la creación. Vive en las montañas africanas y se manifiesta a través de entidades naturales y celestiales como las estrellas, la luna, el viento, la lluvia y el sol. Los kikuyus también creen que vive en las higueras, y por eso le hacen sacrificios allí. También se cree que Ngai es responsable de las muertes humanas.

Heka
Heka es uno de los primeros dioses del antiguo Egipto. Hacía magia y curaba a la gente. También fue el precursor del símbolo del caduceo, la popular imagen de dos serpientes girando alrededor de un poste, que representaba su poder. En la actualidad, este símbolo se asocia al dios griego Hermes.

Mamlambo
Mamlambo es la diosa sudafricana y zulú de los ríos. Se cree que se manifiesta como una serpiente gigante que vive en el agua. Tiene el poder de conceder riquezas, pero también es capaz de lanzar horribles desgracias. Se cree que Mamlambo se alimenta de los cerebros y rostros de sus víctimas.

Achamán
Los guanches de la isla de Tenerife seguían a Achamán, el dios supremo. Se le considera el creador del aire, la tierra y el fuego. Es el responsable de insuflar vida a todas las criaturas. Aunque vive en las alturas, a menudo desciende a la Tierra para ponerse en contacto con sus creaciones.

Eshu
Eshu es el dios africano del engaño y la travesura, similar al popular dios nórdico Loki. A diferencia de otros dioses embaucadores de diversas mitologías del mundo, Eshu no es malvado ni malicioso. No se pasa el día gastando bromas ni disfruta con el sufrimiento de la humanidad. Eshu actúa como un mensajero que viaja entre el mundo físico y otros mundos. Sin embargo, este embaucador divino tiene un lado diabólico. Si una

persona u otra deidad no reconoce su presencia, es conocido por reaccionar de forma poco amable hacia ellos. Prefiere ofrendas como el tabaco.

Ogun

Ogun es el dios africano de la guerra y el hierro. Se le conoce como guerrero y siempre lleva algunas de las mejores armas del cielo y de la tierra. Ejerce su papel de dios de la guerra y el hierro bendiciendo las armas. Según la mitología africana, Ogun fue quien enseñó a la humanidad a fabricar armas con hierro. No tiene nada que decir sobre lo que una persona decide hacer con esas armas. Ogun es una deidad que no interfiere en los asuntos de la humanidad. Mucha gente le reza y le celebra un festival cada año.

Oshun

Oshun es la diosa africana del río. Es una de las esposas de Shango y la más cercana a su corazón. Esta diosa del río es muy venerada entre los africanos, que creen que les ha otorgado el río Níger, uno de los más importantes. Bendice a su pueblo manteniendo los ríos limpios y asegurándose de que nunca se queden sin peces. Esto demuestra cuánto se preocupa por la humanidad. Oshun también se asocia con el parto y la fertilidad. Siempre aparece representada mostrando su lado maternal y bondadoso.

Oya

Oya es la diosa del tiempo y también una de las esposas de Shango. Se la asocia con el viento y también tiene poder sobre las nubes. Es una de las deidades más poderosas, ya que puede crear ciclones y huracanes. Los africanos creen que provoca la destrucción con Shango durante las tormentas. Oya también desempeña un papel en el reino de los espíritus, ya que ayuda a los espíritus de los muertos en su viaje al más allá.

Yemaya

Yemaya es la diosa africana del océano y madre de todos los seres vivos. Al igual que Oshun, Yemaya es una madre bondadosa que protege ferozmente a sus hijos. De hecho, es la madre de todos los seres vivos. Cuando alguien está triste, ella siempre está a su lado para consolarle y aliviar su dolor. Las mujeres que sufren problemas de fertilidad suelen rezarle. Es una diosa paciente y cariñosa que rara vez se enfada. Sin embargo, cuando lo hace, se convierte en una fuerza de destrucción. Gracias a su inmenso poder y estatus, Yemaya es muy venerada.

Modjaji

Modjaji es la diosa de la lluvia, lo que significa que tiene el poder de hacer llover o impedirlo y provocar la sequía. Es una de las diosas más antiguas, pero el pueblo africano cree que su espíritu vive en una mujer joven y que ahora camina entre ellos.

Oba

Otra de las esposas de Shango, Oba, es la orisha de la manifestación y el agua. Aunque es una diosa, experimenta emociones humanas. Estaba celosa de lo mucho que Shango amaba a Oshun. Acudió a ella y le preguntó por qué Shango la quería más que a sus otras esposas. Oshun fue astuta y le dijo a Oba que se había cortado la oreja y la había convertido en polvo para añadirlo a la comida de Shango. Oba creyó la falsa historia de Oshun e hizo lo mismo. Sin embargo, cuando Shango se enteró, la envió a la tierra. Se convirtió en un río que recibió su nombre.

Obaluaye

Obaluaye es el orisha de los milagros y la curación en la mitología africana. Es muy venerado entre su pueblo, aunque también le tienen terror. Obaluaye puede curar cualquier dolencia, pero con la misma facilidad puede maldecir a quienes le enfurecen. Puede curar cualquier enfermedad, pero suele centrarse en los pacientes moribundos.

Obatala

Obatala es el padre del cielo, el creador de la humanidad y el marido de Yemaya. Es un dios misericordioso que representa la pureza y la paz. Obatala es justo, por lo que los orishas suelen buscar su ayuda y sabiduría durante los conflictos. En la mitología africana, el pueblo creía que todas las cabezas de la humanidad le pertenecían, ya que era el creador.

Métodos tradicionales de culto

Cada sistema de creencias viene acompañado de un conjunto único de ritos, rituales, prácticas y métodos de culto. Sin embargo, la mayoría comparten las siguientes características:

Sacrificios

Los sistemas espirituales africanos suelen incluir la práctica de sacrificios, que requiere sacrificar un animal, un ave y a veces incluso un ser humano para honrar a una deidad. Los practicantes seleccionan cuidadosamente su sacrificio para ofrecer su sangre para apaciguar a una deidad. Los animales sacrificados deben ser de un color sólido y se dan a una deidad en señal de agradecimiento por todo lo que ha hecho por ellos.

Los sacrificios se consideran un acto de agradecimiento. La gente también realiza sacrificios para ganarse el perdón del dios tras cometer una fechoría. Se cree que los sacrificios hacen que una deidad ayude a sus seguidores en periodos difíciles de la vida y sirven de invitación para que la deidad participe en reuniones familiares y sociales. Pueden ayudar a los practicantes a mantener una buena relación con sus deidades y pedirles que eviten peligros como inundaciones, sequías y epidemias.

También se realizan sacrificios durante ritos de paso como el nacimiento, la iniciación, la edad adulta, el matrimonio y la muerte. También se creía que los sacrificios podían ayudar a aliviar la intensidad de las catástrofes y se solían hacer después de cosechas abundantes y antes de las guerras. Los sacrificios no eran infrecuentes en el proceso de selección de líderes, así como en las ceremonias de limpieza y reconciliación.

Los jefes de familia, los curanderos y los sacerdotes eran los únicos miembros de la sociedad elegidos para realizar sacrificios. Debían acompañar el proceso con oraciones.

Ofrendas

Las ofrendas son otro medio de culto. Requieren que los practicantes proporcionen a su deidad leche, miel u otros alimentos y bebidas. Las ofrendas deben seleccionarse cuidadosamente según los gustos y preferencias de la deidad a la que se rinde culto.

Cantos y danzas

Los practicantes suelen interpretar canciones y danzas autóctonas durante el culto comunitario. Esta práctica sirve para honrar y agradecer a una deidad y reforzar la conexión emocional del intérprete con ella. Los practicantes complementan sus actuaciones con tambores, instrumentos musicales y palmas. El canto y la danza ayudan a inculcar un sentimiento de comunidad y solidaridad entre los practicantes.

Oraciones

Las plegarias son interacciones verbales con una deidad y suelen ser breves y directas. La mayoría de los grupos religiosos rezan en ocasiones significativas. Se puede rezar de pie, postrado, levantando la mano, arrodillado, inclinándose o mirando en una dirección determinada.

Invocaciones

Las invocaciones son formas de oración breves, formales y concisas. Mediante este acto de culto, uno puede dirigirse a Dios, pedirle que le guíe, solicitar su ayuda, etc.

Bendiciones

Las bendiciones suelen estar a cargo de los ancianos e incorporan aspectos de la oración. Según algunos sistemas de creencias, la persona que realiza la bendición lo hace en nombre de una deidad.

Saludos

Como su nombre indica, este método de culto consiste en dirigirse a un dios y saludarlo. Por ejemplo, un saludo sería «Querido Dios», etc.

Preguntas para la autorreflexión

- ¿Tengo antepasados africanos?
- ¿Qué deidades africanas resuenan más conmigo?
- ¿Qué opino de la mezcla de diferentes tradiciones religiosas y culturales?

Ahora que ha leído este capítulo, tiene suficientes conocimientos sobre la espiritualidad africana para determinar si éste es el sistema de creencias adecuado para usted. El material tratado aquí es un punto de partida completo para su viaje por la espiritualidad africana y sienta una buena base para seguir investigando.

Capítulo 3: Brujería y curanderismo

La brujería y el curanderismo son dos de las formas más incomprendidas de la magia popular. La gente a menudo piensa que son inherentemente malas o, en el caso de la brujería, simplemente otro término para satanismo. Sin embargo, no es así. En este capítulo, examinaremos estas prácticas en detalle para comprender qué las diferencia de otras tradiciones de magia popular.

La brujería y el curanderismo son dos de las formas más incomprendidas de la magia popular
https://www.pexels.com/photo/blindfolded-woman-with-a-candle-5435274/

Entendiendo la brujería

Brujería es la palabra española para «witchcraft». Sin embargo, significa más que eso. Más bien, brujería es un sistema indígena de magia popular con una larga historia, practicado principalmente en América Latina y el Caribe. El primer registro conocido de esta práctica apareció en el siglo XVI. Sin embargo, la mayoría de las brujas y brujos creen que la práctica tiene su origen en las civilizaciones azteca y maya de Mesoamérica.

Como consecuencia de la esclavitud, la brujería se vio obligada a convertirse en una práctica oculta. Fue castigada en las tierras católicas por los esclavizadores que impusieron sus propios puntos de vista y creencias. Al mismo tiempo, el transporte de esclavos por las Américas propició la difusión y el desarrollo de la brujería, ya que los pueblos del continente entraron en contacto entre sí y compartieron sus conocimientos.

Aunque la brujería suele denigrarse como magia maligna, en realidad es la práctica de la magia, ya sea para el bien o para el mal. Las brujas y los brujos pueden practicar tanto la magia negra como la blanca. Sin embargo, esto depende de cada practicante y no es una característica definitoria de la brujería en su conjunto.

Dioses en la brujería

Lo que diferencia a la brujería de muchas otras tradiciones de magia popular es la ausencia de una figura divina. A diferencia de muchas otras prácticas indígenas como la Santería, los seguidores de la brujería no adoran a un dios en particular. Además, contrariamente a la mayoría de los sistemas religiosos, no existe una jerarquía de brujas y brujos.

Es esencial señalar que, debido a la catequización de América Latina, el cristianismo está ahora profundamente arraigado en la práctica de la brujería. Muchos practicantes también son cristianos, y muchas personas consideran la brujería como un sistema cristiano de magia popular. Así que, aunque la brujería en sí no tiene ninguna figura de deidad, esto no significa que los practicantes no adoren a una deidad, y a menudo, esta deidad es el dios cristiano.

Brujería y magia

Como ya se ha mencionado, las brujas y los brujos pueden ser practicantes tanto de magia oscura como de magia de luz. Utilizan una variedad de técnicas mágicas, incluyendo adivinación, hechizos, pociones, herboristería y más. Cuando se pide ayuda a brujas y brujos, suelen preparar pociones de amor, realizar magia adivinatoria y ejecutar encantamientos y maleficios.

Como la brujería floreció en partes del mundo que eran profundamente católicas, esto llevó a que se temiera a la brujería como algo maligno. Al mismo tiempo, la creencia popular en brujas y brujos seguía siendo fuerte, y a menudo se acudía a ellos cuando todas las demás soluciones fracasaban. Esto es especialmente cierto en los rituales de curación, ya que se cree que los practicantes de brujería pueden tanto infligir como curar maldiciones causadas por el «mal de ojo». Así que, cuando las formas modernas de curación han fracasado, los practicantes de la brujería a menudo tratan de abordar las maldiciones que se encuentran en la raíz de la enfermedad de una persona.

Los rituales de la brujería suelen ser espontáneos y no planificados. Dado que en la brujería no existen jerarquías, tampoco hay rituales organizados. Cada ritual que se realiza es intensamente personal para el practicante. Del mismo modo, la construcción de altares y la invocación de espíritus es una experiencia personal que difiere de un practicante a otro. Debido a la variedad de espíritus a los que se puede invocar, es difícil imaginar que la brujería llegue a convertirse en una religión institucionalizada del mismo modo que la santería.

Ahora bien, aunque los rituales son una experiencia personal, brujas y brujos comparten ciertas similitudes. Dado que la brujería no es un sistema estandarizado de magia, es una tradición oral de magia popular, y muchas tradiciones orales de brujería comparten un origen similar. Muchas practicantes de brujería también siguen otras tradiciones de magia popular, como la santería y el vudú. Aportan estos sistemas de creencias a su práctica de la brujería, invocando a los Orishas de la Santería y a deidades y entidades similares, creando una tradición mágica híbrida y única. También pueden invocar a los recién fallecidos para que les ayuden con la magia o les revelen secretos.

Algunos practicantes de brujería, especialmente los que practican una combinación de tradiciones mágicas populares, prefieren que no se les etiquete como brujos y brujas, sino que se les llame curanderos. Por ejemplo, los que usan magia energética pueden preferir que se les llame sanadores energéticos, mientras que los que usan magia sonora pueden preferir el título de sanadores sonoros. En última instancia, la preferencia de cada practicante es tan personal como la propia práctica de la brujería.

Aunque las brujas y los brujos pueden invocar a los espíritus, la práctica de la brujería es nunca cuestionar lo que los espíritus les revelan. Se cree que los espíritus están simplemente allí para mostrarles lo que se quiere mostrar, no para ser cuestionados y forzados a revelar secretos que no están dispuestos a revelar.

Brujería moderna

Aparte de la magia y los rituales mágicos, los practicantes de la brujería también practican la magia como una forma de resistencia. Muchas practicantes de la brujería ven su tradición mágica como una forma de resistir a la colonización y recuperar una práctica indígena que cayó en desuso debido a la presión de la Iglesia católica. Para muchas practicantes, sirvió para recuperar una identidad de la que muchas se habían sentido desconectadas. Esto es especialmente cierto en el caso de los practicantes de la brujería en la diáspora latinoamericana y afrocaribeña, que pueden no tener la misma conexión con la tierra que los nativos latinoamericanos y caribeños.

Al mismo tiempo, las generaciones más jóvenes están empezando a explorar el mundo de la brujería. Esto se debe a que ahora hay muchas más brujas que brujos, y muchas mujeres ven en la brujería una fuente de poder que de otro modo les faltaría en un mundo dominado por los hombres. Además, muchas personas se sienten cómodas explorando las tradiciones familiares, la brujería y la magia. Así, más mujeres se convierten en brujas, y vuelve a ser común encontrar brujas y brujos en las comunidades latinoamericanas y afrocaribeñas de todo el mundo.

Sin embargo, como la brujería es una tradición oral, convertirse en practicante puede ser todo un reto. Esto es especialmente cierto si no hay nadie que instruya a una nueva practicante en su familia cercana, ya que en su lugar debe encontrar una guía experimentada en brujería.

Aparte de redescubrir tradiciones mágicas familiares, lo que atrae a la gente a la brujería es que no discrimina por factores como la edad, la etnia o el sexo. Aunque hay más brujas que brujos, esto es simplemente el resultado del interés personal y no de la opresión contra los practicantes masculinos. En su lugar, la brujería juzga a las personas por sus habilidades y los resultados que proporcionan, convirtiéndola en una tradición mágica popular para aquellos que buscan mostrar y desarrollar sus poderes.

Curanderismo

El curanderismo es un sistema latinoamericano de curación popular. Se encuentra y se practica en muchas comunidades latinoamericanas, incluyendo México, Guatemala, Honduras y Argentina. El curanderismo es a menudo considerado como la curación popular mexicana. Sin embargo, no es así. En México, también se conoce como «medicina del campo», o medicina popular tradicional.

La historia del curanderismo es larga. Se remonta a varias civilizaciones mesoamericanas, como los olmecas, los aztecas y los mayas. Es esencialmente una combinación y síntesis de varias tradiciones curativas de estas culturas, pero otras tradiciones culturales y curativas y religiones, incluido el catolicismo romano, también han influido en él.

Como resultado del intercambio cultural y la proximidad geográfica, el curanderismo también llegó a Estados Unidos. Fue y sigue siendo más prominente en el suroeste del país, pero se practica en todo el país. Predominaba en las comunidades indígenas, que mantenían intercambios con los pueblos latinoamericanos antes de la llegada de Colón en 1492.

Las curanderas son sanadoras que creen que la enfermedad está causada por una confluencia de factores, no sólo físicos o mentales. Otras influencias pueden ser medioambientales, espirituales y sociales. El objetivo de una curandera es curar a los pacientes ayudándoles a encontrar un equilibrio con el entorno que les rodea.

Hay muchos tipos de curanderos, según el tipo de curación que practiquen. Algunos son:

- Yerberos, o herbolarios
- Hueseros, o curanderos de huesos y músculos
- Parteras
- Rezanderos, o curanderos de oración
- Sobadores o masajistas

En algunas prácticas, las brujas y los brujos también pueden considerarse curanderas. Esto ocurre cuando utilizan la magia para tratar enfermedades del alma o causadas por magia maligna. En esta posición, actúan de forma similar a los brujos.

El curanderismo está influenciado por una amalgama de diferentes tradiciones médicas. Aparte de los sistemas tradicionales mesoamericanos de curación, entre sus influencias se encuentran la santería africana, la teoría griega del humor, las tradiciones curativas árabes que ayudan con la dirección de la energía psíquica y las tradiciones espiritistas que ayudan a los curanderos a comunicarse con los espíritus.

El curanderismo también está influido por las teorías médicas modernas, como la teoría de los gérmenes. Muchas curanderas aconsejan a los pacientes con dolencias físicas que consulten a un médico alópata moderno junto con su tratamiento tradicional. Esto se debe a que creen que la medicina moderna tiene valor y que los curanderos no tienen la respuesta a todas las dolencias.

Dioses en el curanderismo

Hasta cierto punto, el curanderismo puede considerarse una tradición católica de curación popular. Muchos curanderos son católicos y creen que el don de la curación es un regalo de Dios. Varias prácticas curativas implican rezar a Dios, y la formación de los curanderos implica la oración, la religión y aprender a utilizar ambas para ayudar a curar a los clientes.

También existe la consideración de que, para muchos curanderos, la decisión de convertirse en curanderos es menos una decisión consciente y más un «llamado», similar al llamado a servir a Dios en el catolicismo. Por esa razón, la capacidad de practicar el curanderismo se considera un don sanador de Dios.

Como en la brujería, algunos curanderos traen otras tradiciones de magia popular a la práctica del curanderismo. Esto incluye creencias populares tradicionales mesoamericanas, santería africana y la creencia en orishas. La síntesis de estas tradiciones crea una tradición curativa única para cada curandera.

Curación

La curación adopta diversas formas, dependiendo de la causa de la enfermedad. Las enfermedades naturales se tratan con una combinación de herboristería, oración y masaje. Sin embargo, incluso en el caso de enfermedades naturales, los curanderos trabajan en los tres niveles: físico, espiritual y mental. Esto implica:

- Tratar el cuerpo con hierbas, prácticas curativas rituales y conversación.

- Tratar el espíritu con la oración y la meditación. Para algunos curanderos, esto también puede implicar la comunicación con seres espirituales como protectores, santos y deidades.
- Tratar la mente con curación direccional y concentración mental.

En el curanderismo, se cree que muchas enfermedades están causadas por emociones intensas. Éstas son el «espanto», la «bilis» y el «susto». El suceso que causó el susto suele ser una catástrofe natural, un accidente o una muerte en la familia.

Algunos síntomas del susto son

- Depresión
- Insomnio
- Dormir sin soñar
- Nerviosismo
- Diarrea

Algunos síntomas de bilis son

- Pérdida de apetito
- Irritabilidad

Además, se cree que algunas enfermedades están causadas por el mal aire o el mal viento. Estos son el resultado de los movimientos del aire y pueden causar enfermedades. El mal aire puede ser caliente o frío, y la enfermedad puede ser causada por un movimiento de un espacio caliente a un espacio más fresco o viceversa.

Otras causas de enfermedad son la brujería oscura, cuando se lanza una maldición sobre una persona, o cuando ésta se encuentra con seres sobrenaturales, incluidos los «espíritus» y los «duendes» (criaturas espirituales). Las enfermedades también pueden ser consecuencia del «mal de ojo», una mala intención dirigida a una persona o un «mal prójimo» (mal vecino).

Por último, también está el caso de la pérdida del alma. Puede ser consecuencia del espanto o del susto, o bien una enfermedad que afecta a la persona independientemente de estas dolencias. Las personas más jóvenes son más propensas a sufrir la pérdida del alma, y los síntomas son similares a los que se experimentan durante el susto y el espanto.

Los casos de enfermedades físicas y mágicas pueden tratarse gracias a diversas «limpias», o rituales de purificación, en los que se utilizan objetos y herramientas específicos.

Estos pueden incluir:
- Huevos
- Agua bendita
- Hierbas y especias
- Frutas (especialmente limones)
- Flores
- Incienso
- Cristales
- Aceites
- Imágenes de santos
- Crucifijos y otros objetos religiosos
- Velas e incienso
- Amuletos
- Medicinas de origen animal (como el aceite de serpiente y la medicina del sapo bufo)

Una de las limpias más conocidas es la ceremonia del temazcal, que consiste básicamente en el uso de una cámara de sudación. Se cree que esta ceremonia elimina las impurezas del cuerpo de una persona y la devuelve al estado puro en el que se encontraba antes de nacer.

Algunas limpias son relativamente fáciles de realizar y puede llevarlas a cabo el propio individuo en lugar de un curandero. En cambio, otras limpias requieren la ayuda de un curandero cualificado para dirigir la ceremonia de purificación. Algunas limpias que puede realizar por su cuenta incluyen:

Limpia del huevo

La limpieza con huevo es una de las limpias más comunes. Puede ser practicada tanto por brujas y curanderas profesionales como por particulares.

Necesitará un huevo fresco, limpio y sin marcas para realizar una limpieza de huevo. El primer paso es enjuagarlo con una mezcla de agua salada y zumo de limón. Si es religioso, puede hacer referencia a la deidad que sigue. (por ejemplo, los cristianos podrían hacer la señal de la cruz sobre el huevo o hacer referencia a la Santísima Trinidad). Cuando haya limpiado el huevo, hágalo rodar sobre la parte del cuerpo que le duele o que está lesionada. Mientras lo hace, pida a los espíritus que le ayuden a curar sus heridas desviando hacia el huevo la energía negativa que está afectando su cuerpo.

Una vez terminada la parte curativa de la limpia, el siguiente paso es utilizar el huevo para adivinar su futuro. Para ello, abra el huevo sobre un cuenco y deje que caiga la yema, desechando la clara. Una vez que la yema se haya asentado en el cuenco, podrá leerla, de forma similar a la lectura de las hojas de té. Aunque esta parte de la limpia suele realizarla una curandera experimentada, hay algunos signos que son fácilmente legibles incluso por particulares. Por ejemplo, una yema negra indica mala suerte y significa que debería visitar a una bruja o curandera para obtener ayuda más experimentada. O, simplemente, puede saltarse este paso si no confía en su capacidad para leer las yemas.

Una vez concluida la limpia, puede deshacerse del huevo y de la energía negativa que ha absorbido tirando todas sus partes por el retrete. Si no lo ha utilizado para adivinar el futuro, primero debe romper el huevo antes de tirarlo por el inodoro para que se libere toda la energía negativa. Después de tirarlo por el retrete, lávelo con sal y zumo de limón para evitar que el aura negativa permanezca en su casa.

Barrida

Esta limpia se conoce como «barrida» en español. Necesita tres materiales básicos: un manojo de hierbas, agua floral y un cordel rojo. Una vez reunidos los materiales, el primer paso es agrupar las hierbas en un ramillete y atarlas con una parte del cordel rojo. Enrolle el resto del cordel rojo alrededor de su mano dominante (con la que escribe). El cordel rojo debe envolver la palma de la mano al menos dos veces, de modo que se entrecruce sobre la zona.

Una vez listo, rocíe agua floral sobre el ramo de hierbas. Si es religioso, también puede utilizar agua bendita para este fin. Póngase de pie, sosteniendo el manojo de hierbas que acaba de preparar, y concéntrese en la intención de esta limpia, que es eliminar la mala suerte y las energías negativas de su cuerpo. También puede invocar a cualquier deidad, espíritu o dios en el que crea. Mientras se concentra en sus intenciones, empezando por la parte superior de la cabeza, utilice el manojo de hierbas para «barrer» su cuerpo.

Las hierbas que barren su cuerpo eliminarán toda la energía negativa. Una vez que haya terminado con este paso, deseche las hierbas en un contenedor fuera de su casa. Recuerde limpiarse bien las manos después de hacerlo para eliminar cualquier energía negativa persistente.

Algunas hierbas medicinales comúnmente utilizadas por las curanderas como parte de las limpias incluyen

- Aloe vera
- Papaya
- Cataplasmas
- Tabaco (para limpieza espiritual)
- Romero (para limpieza espiritual)

Curanderismo en la actualidad

El curanderismo moderno se practica en todo el mundo, especialmente en América Latina y Estados Unidos. Varias curanderas y curanderos célebres son famosos por sus habilidades y destrezas, como Don Pedro Jaramillo, Teresa Urrea y Niño Fidencio.

Las curanderas modernas también utilizan las redes sociales para llegar a una nueva generación de personas interesadas en las formas tradicionales de curación. Dado que el curanderismo funciona en sintonía con la medicina moderna y no en su contra, muchas personas están dispuestas a probarlo para tratar enfermedades crónicas, en particular problemas de salud mental.

Además, el curanderismo se está beneficiando de la popularidad mundial de la medicina alternativa. Actualmente se están llevando a cabo varios estudios sobre los efectos del curanderismo, especialmente en el tratamiento de problemas de salud mental como el TEPT. Muchas hierbas medicinales tradicionales del curanderismo, como el aloe-vera, están ganando popularidad en la medicina moderna debido a sus propiedades curativas.

Es más fácil que nunca encontrar curanderas en las comunidades latinoamericanas de todo el mundo. Muchas instituciones ofrecen formación en curanderismo en México y en la Universidad de Nuevo México.

Aun así, un gran número de curanderos siguen formándose de manera informal. Muchos curanderos tradicionales se forman a partir de la tradición oral, de maestro a alumno. La institucionalización del curanderismo está ocurriendo a través de oportunidades formales de capacitación. Sin embargo, es incompleta, ya que muchas porciones de la tradición oral del curanderismo permanecen sin documentar, existiendo sólo en el conocimiento de practicantes individuales.

Además, muchos curanderos tradicionales temen que el curanderismo esté siendo apropiado y distorsionado por «curanderos» que no conocen las prácticas tradicionales. El conflicto entre estas fuerzas divergentes determinará cómo se forma y gobierna el curanderismo en el futuro.

Preguntas para la autorreflexión

¿Se está preguntando si el curanderismo y la brujería son las tradiciones mágicas populares correctas para explorar? Si es así, aquí tiene algunas preguntas que debería hacerse:

- ¿Me siento atraído por las tradiciones del curanderismo y la brujería?
- ¿Tengo parientes en América Latina? ¿Tengo antepasados afrocaribeños o nativos americanos que puedan haber aprendido y practicado estas tradiciones?
- ¿Me siento atraído a sanar a otras personas?
- ¿He experimentado alguna vez mal de ojo o mal aire? ¿He sentido estas afecciones en otras personas?
- ¿Me interesan más las formas personales de magia popular que las sistematizadas?
- ¿Estoy interesado en asistir a un curso que enseñe curanderismo?

Capítulo 4: Brujería escocesa

Según la visión estándar, la brujería es un tipo de magia en la que tanto los brujos como las brujas utilizan poderes sobrenaturales para practicar hechizos y encantamientos con fines egoístas o malignos. En la Europa medieval, las brujas eran perseguidas, ya que la brujería se consideraba una fuerza maligna. Por ese motivo, los escoceses no podían utilizar los términos brujería o brujas con tanta libertad como hoy en día. En Escocia, a un brujo varón se le llamaba «buidseach», y a una bruja mujer, «banabhuidseach». Estas denominaciones se utilizaban mucho durante el siglo XVI, cuando las brujas trataban de proteger sus identidades secretas. Las brujas escocesas de la época utilizaban la magia y los poderes sobrenaturales para beneficio propio, y su magia era a menudo perjudicial para su comunidad, lo que va en contra de lo que representa la magia popular. A menos que hubiera guerra, no era aconsejable que las brujas practicaran magia maligna, ya que ponía a sus comunidades en su contra.

Según la opinión común, la brujería es un tipo de magia en la que brujos, tanto hombres como mujeres, utilizan poderes sobrenaturales para practicar hechizos y encantamientos con fines egoístas o malignos
https://www.pexels.com/photo/an-old-book-and-candles-on-wooden-table-with-glass-bottles-7978061/

En el folclor escocés, el término *bruja* se asocia a menudo con actos egoístas. No ayudaban a su comunidad, lo que en aquella época estaba mal visto, ya que la mayoría de la gente trabajaba para ayudar a los demás y utilizaba su magia para prestar servicios a la gente de su pueblo. La brujería escocesa incluía muchos tipos de practicantes, pero los más significativos eran los hombres y mujeres sabios a los que se denominaba «bean/fear fease». Aunque estos individuos eran considerados brujos, nunca se consideraron a sí mismos como tales porque su magia era una fuerza para el bien y no para el mal. Su comunidad se dio cuenta de lo que estas personas hacían por ellos y comprendió que su magia era diferente a la de las brujas. Durante los juicios por brujería en Escocia, el pueblo pidió al tribunal que perdonara a los hombres y mujeres sabios. Tenían en alta estima a estos sabios porque su magia no era interesada. Sin embargo, la historia ha sido a menudo poco amable con las brujas y con cualquiera que practicara la magia, olvidando que algunas buenas personas utilizaban sus poderes para el bien y al servicio de los demás.

Los sabios de Escocia ayudaban a proteger a sus comunidades contra las fuerzas del mal. Para practicar este tipo de magia, tenían que ser bendecidos por *Daoine Sith*, que eran seres sobrenaturales. A diferencia de otros encantadores o curanderos, estos individuos eran especialistas que podían comunicarse con un mundo más allá del nuestro. Los *Daoine Sith* otorgaban a los hombres y mujeres sabios un don que les permitía realizar tareas que ayudaban a sus comunidades. Estas tareas incluían predecir la muerte de alguien, encontrar objetos perdidos o robados, curar a la gente de maldiciones y recetar remedios para las dolencias.

Los hombres y mujeres sabios eran diferentes de los astutos. En particular, los encantadores y curanderos no recibían sus dones de los *Sith*, ni podían comunicarse con ellos, mientras que los astutos obtenían sus conocimientos de los libros de ocultismo. Los hombres y mujeres escoceses que conectaban con los *Sith* podían transmitir este don a sus hijos. Los clanes escoceses también servían como ayudantes de los *Sith*, lo que facilitaba la comunicación con ellos y el uso de sus conocimientos para practicar la magia.

Historia y cultura de la brujería escocesa

La historia de la brujería escocesa no es, cuando menos, agradable. Se culpaba a las brujas de todos los males del país. La gente las temía y, como resultado, el Parlamento escocés aprobó una ley en 1563 que convertía la brujería en un delito capital. Esta ley pretendía, sobre todo, evitar la propagación de las creencias paganas y el culto a los santos y prohibir la práctica de la magia a los astutos. Las brujas tuvieron que luchar durante estos duros tiempos, no sólo por la ley, sino también porque la gente las perseguía. Además, los curanderos y los astutos también eran objeto de esta persecución. La gente astuta y los curanderos eran una fuerza del bien, que utilizaban su magia para ayudar a los enfermos y protegerlos de los malos espíritus. Fue una época oscura en Escocia, en la que todos los practicantes de la brujería eran considerados un peligro, incluso los que ayudaban a su comunidad.

Se culpaba a las brujas de cualquier desgracia que ocurriera en la comunidad. Por ejemplo, en 1591, el rey Jacobo VI estaba en el mar cuando se desató una tormenta que casi hundió su barco. Se culpó a unas setenta brujas de intentar cometer el regicidio. Cualquier incidente habitual era considerado una maldición por las brujas, incluso cuando un niño enfermaba o moría prematuramente, cuando las cosechas no crecían o cuando moría el ganado. Sin embargo, las cosas cambiaron en 1736, cuando el Parlamento derogó la ley y la brujería dejó de considerarse un delito capital.

Hoy en día, la gente sigue practicando la brujería en Escocia, y ya no hay tantos conceptos erróneos sobre las brujas como antes. La gente ahora sabe que las imágenes de brujas volando en escobas o haciendo hechizos sobre un caldero no son más que estereotipos. La mayoría de los delitos de los que se acusaba a las brujas no eran tan graves como se creía. En realidad, muchas de estas brujas eran personas útiles que contribuían a sus comunidades.

Religión

No se sabe mucho sobre la religión en Escocia antes de la llegada del cristianismo. Sin embargo, los historiadores creen que sus habitantes eran politeístas, como los celtas, que adoraban a diversas deidades y espíritus. Los paganos y el culto a las deidades influyeron en muchas ramas de la brujería. La brujería escocesa también es sincrética, lo que significa que recibió influencias de varias culturas y religiones de todo el mundo, como el islam, el cristianismo y el judaísmo.

Creencias, conceptos y tradición

Los escoceses creían en seres y poderes sobrenaturales. Estas creencias han sido evidentes en el folclor irlandés durante siglos. Los *sith* también tuvieron una gran influencia en la brujería escocesa. «*Sith*» proviene de la palabra *Síd*, cuyos diversos significados incluyen colina, buena voluntad, paz y tregua. Se creía que estos seres eran hadas. Cabe destacar que diversas creencias afirman que las hadas son los espíritus de los antepasados. Los escoceses creían que sus antepasados vivían en el otro mundo. De hecho, en aquella época, creían que la primera persona enterrada en un cementerio se convertiría más tarde en su guardián. Esta es una prueba más de que creían que los *Sith* eran sus antepasados muertos.

Los practicantes escoceses se comunicaban con los *Sith* para ayudarles con su magia. Algunos eran clarividentes, lo que significa que tenían el don de la segunda vista y podían comunicarse con el otro mundo. Los que no tenían este don solían utilizar la adivinación o hacían una ofrenda. Los *Sith* representaban a los muertos que residían en el otro mundo. Mantener una relación pacífica con los *Sith* era esencial para mantener a salvo a la comunidad. Si no se les prestaba la debida atención, podían infligir graves daños a las comunidades locales.

La fe en las hadas también era prominente entre la gente común. Algunas de sus fiestas, como Beltane (Bealltainn) y Samhain (Samhuinn), no se centran en el culto a un dios o una diosa. Las hadas siempre han tenido la máxima importancia, y estas celebraciones se centraban en honrar a sus antepasados.

Se afirma que algunas brujas también creían en el diablo, lo que quedó patente durante el juicio de las brujas en Escocia, ya que algunas afirmaron haber renunciado a su bautismo y haber hecho un pacto con el diablo. Sin embargo, no hay registros que prueben que las brujas adoraran al diablo. Se cree que la Iglesia difundió estos rumores para asustar a la gente de las brujas y justificar su caza.

La magia escocesa también es animista y cree que todo, animado o inanimado, tiene alma.

El sistema de creencias de la gente de la época se centraba en las hadas, los seres sobrenaturales, los espíritus, el diablo y la religión.

Deidades y seres míticos

Nicnevin

Aunque el nombre de Nicnevin puede sonar desconocido para la mayoría de la gente, es un nombre que tuvo un gran impacto en el folclor y la brujería escoceses. Nicnevin es una diosa y la reina de las hadas. Su nombre procede del gaélico y significa «hija del frenesí». Esta etimología indica que podría estar relacionada con Neamhan, la diosa irlandesa de la batalla que agitaba a los soldados durante las guerras. Otra teoría, aunque no muy popular, afirma que Neamh significa «cielo». También se cree que esta reina de las hadas procede de «Nic Noahm», que significa «hija de santa». Aunque nadie sabe quién puede ser esta santa, se afirma que fue Santa Brígida.

El aspecto físico de Nicnevin no se describe en muchas obras literarias. Sin embargo, en las pocas ocasiones en que se menciona su aspecto, se la representa como una mujer que viste un largo manto gris. También porta una poderosa varita que le da poder sobre el mar y la tierra y le permite alterar su entorno.

Nicnevin también se compara a menudo con Cailleach, la diosa del invierno y una deidad prominente en la mitología escocesa e irlandesa. Su nombre significa «bruja» o «la vieja». También se la conoce como Gyre-Carline - «Gyre» es codicioso en nórdico, y «Carline» es escocés antiguo que se traduce como «mujer vieja». Otra similitud entre las dos diosas es que gobiernan el mar y la tierra y pueden transformar su entorno. Otra teoría sobre el origen de Nicnevin que la relaciona con Cailleach es que la

«Nc» de su nombre significa «la hija de», mientras que Nevis hace referencia a Ben Nevis (montaña de nieve). Se cree que Ben Nevis es el hogar de Cailleach.

Nicnevin se menciona en varias obras literarias y folclóricas. Se la consideraba una figura aterradora que los padres solían utilizar para asustar a los niños que se portaban mal. También se la consideraba la reina de las brujas y bruja ella misma, por lo que es una figura destacada de la brujería escocesa. Su primera mención en la literatura escocesa fue en un poema del siglo XVI de Alexander *w*, donde aparecía con sus «ninfas», término que describe a las hadas femeninas. En el poema, se nos dice que tenía amuletos, que se refieren a hechizos, lo que implica que era experta en encantamientos y adivinación. También nos enseña que cabalgaba con un rey hada, lo que indica que pudo ser una reina hada.

En Escocia, la gente considera a Nicnevin una bruja, e incluso la llaman «abuela bruja». Durante los juicios por brujería, los fiscales solían relacionar a las brujas con Nicnevin. Las que llevaban su nombre o uno similar eran procesadas. Diversas afirmaciones sobre Nicnevin la relacionaban con la brujería escocesa. Algunos dicen que era una bruja humana normal que fue ejecutada durante los juicios por brujería. Otros le atribuyen un papel más destacado, el de reina de las brujas.

Aunque mucho sobre Nicnevin se pierde en la historia, toda la información sobre ella la relaciona con las hadas y las brujas. Por ese motivo, la brujería escocesa está intrínsecamente asociada a la figura mítica de Nicnevin.

Cailleach

También conocida como la «velada», Cailleach es la diosa celta del invierno y los vientos y una de las deidades más antiguas de la mitología escocesa. Su nombre es una palabra escocesa que se traduce como «anciana». A menudo se representa a Cailleach como una anciana con velo y ropas decoradas con calaveras, dientes rojos y piel pálida. Tenía la capacidad de cabalgar tormentas y transformarse en un imponente pájaro. Considerada a la vez destructora y creadora, Cailleach también era conocida como la reina del invierno porque controlaba su clima y duración. También fue una figura importante en varios países de Europa.

Los poetas dieron a Cailleach varios nombres en sus obras literarias y la incluyeron en varios mitos. Se la llamó Buí, esposa de Lugh, el dios de la justicia, Biróg (que era un hada), Digde, Burach y Milucra. Debido a sus múltiples nombres y a los papeles que desempeñó en la mitología, los estudiosos han debatido si Cailleach es un nombre o un título dado a las ancianas a lo largo de la historia.

En gaélico antiguo, «Cailleach phiseogach» significa hechicera, y «Cailleach feasa» se traduce como adivina. Por eso, a menudo se la denomina bruja. Cailleach era una curandera que utilizaba su capacidad para ver el futuro y curar a los enfermos. Tenía conocimientos sobre hierbas, que utilizaba para diagnosticar y tratar muchas dolencias, incluidos los traumas emocionales. Llevaba a cabo su labor curativa para curar a individuos y ayudar a sanar a comunidades enteras.

En varios relatos, se describe a Cailleach como una mujer con delantal y un bastón de madera en la mano. En otros, sostiene una varita o un martillo. Incluso hay relatos en los que sostiene un bastón o un *shillelagh*. Todo lo que sujetaba estaba hecho de madera de espino negro, que siempre se ha relacionado con las brujas y sus poderes. Se cree que las representaciones comunes de las brujas como ancianas vestidas de negro y portando una escoba están influidas por la imagen de Cailleach.

Rasgos y tipos de brujería escocesa

El *Saining* es un tipo de magia popular en la cultura escocesa, con el que muchos practicantes están familiarizados. Es un acto de purificación que se parece al *smudging*, pero con ligeras diferencias. Se practica el *saining* para deshacerse de los espíritus negativos. Suele hacerse sobre personas, animales, objetos y lugares. Dado que la magia escocesa es animista, el proceso de *saining* se centra en comunicarse con el espíritu que se encuentra en el interior de cada persona y pedirle que destierre cualquier negatividad o espíritu maligno.

Existen varios tipos de prácticas de *saining*, cada una con su propia herramienta. La práctica suele tener lugar en una comunidad, sobre la tierra o en torno a una persona concreta. El *saining* es más común durante festivales como Samhain y Beltane, cuando la gente enciende enormes hogueras para purificar todo el pueblo. Las comadronas también purificaban a los recién nacidos y a sus madres. Para ello, encienden una vela de pino y la hacen girar tres veces alrededor de la cama mientras recitan un encantamiento específico.

Un rasgo característico de la magia escocesa es su énfasis en los hechizos y encantamientos curativos. Cuando alguien está enfermo, el sabio o sabia pronuncia unas palabras sobre el enfermo y el agua que va a beber. Esto también funciona con los animales.

Otro tipo de brujería consiste en proteger hogares, animales y personas. Para proteger a una persona o a un animal del peligro, el sabio o la sabia pronunciaba unas palabras curativas sobre la cabeza de la persona, luego le ponía unas cuerdas alrededor del cuello y las dejaba toda una noche. Los sabios también ataban una piedra alrededor de la cola de una vaca mientras pronunciaban unas palabras para protegerla del mal.

Para las infecciones bacterianas de los ojos, los sabios dejaban el extremo de un palo en el fuego, lo sacaban y apuntaban al ojo infectado. A continuación, hacían girar el palo en círculos mientras repetían un encantamiento nueve veces.

Prácticas adivinatorias

Hace unos siglos, la vida era dura para los montañeses escoceses. Como supersticiosos que eran, las brujas, los espíritus y las hadas desempeñaban un papel importante en sus vidas. Como culpaban a las brujas de todo, cualquier desgracia que les ocurriera era culpa de las brujas o las hadas. Era una época de incertidumbre para los escoceses. Por eso, para protegerse a sí mismos y a sus familias, recurrían a la adivinación, a menudo buscando la ayuda de un vidente o de una persona con segunda vista.

Existen varios tipos de prácticas adivinatorias, una de las más antiguas es la adivinación con huesos de lanza. Los practicantes utilizaban el omóplato de un animal después de hervirlo para predecir el futuro. También leían las hojas de té, una de las prácticas adivinatorias más populares en Escocia y en todo el mundo.

Mucha gente prefiere practicar la adivinación en Samhain, que es el equivalente al Halloween moderno. En Samhain, el velo entre el mundo de los vivos y el de los muertos es más delgado, lo que significa que los espíritus y las hadas pueden atravesarlo fácilmente. Los practicantes y sabios aprovechaban esta ocasión para practicar la adivinación y buscar consejo y respuestas de los espíritus. Las fiestas de Beltane e Imbolc también eran ocasiones para practicar la adivinación. Los escoceses creían que ningún otro día del año era tan poderoso como los días de estos festivales, por lo que presentaban la oportunidad perfecta para conectar con los espíritus y buscar su sabiduría.

Preguntas para la autorreflexión

- ¿Tengo antepasados escoceses?
- ¿He soñado alguna vez con una deidad o hada escocesa?
- ¿Estoy de acuerdo con las creencias de la brujería escocesa?
- ¿Me siento atraído por la brujería escocesa?
- ¿Qué opino de los juicios por brujería y de cómo se trataba a las brujas en aquella época?
- ¿Quiero aprender más sobre la cultura y la historia de la brujería escocesa?
- ¿Qué pienso hacer ahora con la información que acabo de aprender?

La brujería escocesa desempeña un papel destacado en el mundo de la magia. Aunque las brujas eran perseguidas y la brujería se consideraba un delito, muchas de las ofensas de las que se las acusaba eran infundadas. En realidad, eran hombres y mujeres sabios y astutos que ayudaron a su comunidad y mostraron al mundo que la magia podía hacer más bien que mal.

Capítulo 5: Druidismo y magia celta

En los últimos años, el interés por la espiritualidad ha ido en aumento. Mientras muchas personas se han decantado por el cristianismo u otras religiones bien establecidas, otras exploran distintas formas de conectar con la naturaleza y encontrar la paz en su interior. Uno de estos caminos es la magia celta y el druidismo. Con más de 7 millones de personas que se identifican como paganos, *heathens*, wiccanos o con otras prácticas neopaganas, la influencia de estas religiones está creciendo en todo el mundo. El druidismo, en particular, es una de estas prácticas que ha ganado más atención recientemente. Se trata de una tradición religiosa con raíces ancestrales que ha experimentado un renacimiento en los últimos años, sobre todo en Europa. Tanto si es nuevo en esta fe y quiere aprender más sobre ella como si simplemente le interesa explorar un nuevo tema, este capítulo le explicará todo lo que necesita saber sobre el druidismo y sus seguidores en la actualidad.

El druidismo es una práctica espiritual basada en la naturaleza y arraigada en la antigua cultura indoeuropea que antaño se extendió por gran parte de Europa y las Islas Británicas
https://www.pexels.com/photo/photo-of-the-stonehenge-historical-landmark-in-england-2497299/

¿Quiénes eran los druidas?

Los druidas eran un grupo de personas que vivían en Europa y las Islas Británicas hace miles de años (siglo III a. C.). Según los historiadores, la religión druídica se practicaba en muchas partes de Europa, como Gales, Irlanda, Escocia, Francia y España. Incluso se pueden encontrar registros de personas que practican el druidismo en tiempos modernos. Los druidas estudiaban y transmitían conocimientos sobre la naturaleza y las leyes naturales. Se cree que también eran responsables del aprendizaje de conocimientos antiguos como la lengua, la cultura y la filosofía. Los druidas también eran líderes políticos en las sociedades celtas. Aparecen con frecuencia en antiguos relatos históricos y cuentos populares, por lo que mucha gente los conoce hoy en día. Probablemente asesoraban a los gobernantes sobre los fenómenos naturales y ejercían de jueces. Aunque no existe un conjunto homogéneo de creencias que sigan todos los druidas, hay algunas creencias druídicas comunes. Una de ellas es la reverencia a la naturaleza. Otra es el interés por el estudio de la lengua, la cultura y la filosofía. Los druidas también eran responsables de memorizar grandes cantidades de sabiduría, que transmitían oralmente.

Historia de los druidas

El druidismo es una práctica espiritual basada en la naturaleza que tiene sus raíces en la antigua cultura indoeuropea que una vez se extendió por gran parte de Europa y las Islas Británicas. Los druidas eran sacerdotes de la antigua sociedad celta, donde estudiaban y transmitían conocimientos sobre la naturaleza y las leyes naturales. Probablemente incluían instrucciones sobre lo que hoy llamamos espiritualidad y filosofía. Muchos druidas eran también líderes políticos en la sociedad celta, por lo que aparecían en gran parte de los relatos históricos y cuentos populares antiguos. Aunque los historiadores no se ponen de acuerdo sobre cómo funcionaban exactamente el druidismo y la sociedad celta, la mayoría coincide en que los druidas eran respetados por sus conocimientos sobre el mundo, en particular sobre el mundo natural.

Existen muy pocas pruebas históricas sobre los druidas y quienes seguían sus creencias. Lo que está claro, sin embargo, es que los druidas eran los líderes religiosos del antiguo pueblo celta. Los druidas consideraban el mundo como un lugar de magia y misterio. Según ellos, toda la creación estaba llena de espíritus y energías. Los druidas seguían un camino de adoración a la naturaleza, lo que significa que reverenciaban y honraban la belleza y el poder de la naturaleza. Los druidas creían que todas las cosas naturales tenían espíritus o «almas», igual que los humanos. También tenían una profunda y poderosa conexión con la energía creativa de la naturaleza, a la que llamaban «la Fuerza», y creían que fluía a través de todas las cosas, incluso las rocas, los árboles y las plantas. Esta energía creativa también estaba presente en los seres humanos. Los druidas creían que todo el mundo tenía la capacidad de aprovechar y canalizar esta fuerza creativa.

Influencias druidas

Mucha gente que practica druidismo hoy lo mezcla con otros caminos mágicos o religiosos. Druidismo tiene raíces celtas, pero hay muchas otras influencias también. Estos incluyen:

- **Wicca y brujería:** El camino más común con que la gente mezcla druidismo es *Wicca* o brujería. Ambos de estos caminos incluyen una creencia en el poder de la Fuerza y una práctica de canalizar y trabajar con ello.
- **Hierbas mágicas:** Los druidas celtas también eran conocidos por su conocimiento de las hierbas y plantas mágicas que se encontraban en sus tierras. Se creía que estas hierbas tenían poderes y energías especiales que podían utilizarse en diversos hechizos y rituales.

- **Los elementos:** El druidismo también se mezcla a menudo con la práctica de trabajar con los «elementos». Esta creencia sostiene que el mundo natural comprende cuatro elementos: fuego, agua, tierra y aire.

Creencias y conceptos

Como muchas otras creencias, no hay una única «creencia druida» o conjunto de creencias a las que todos los druidas se adhieran. Aunque tienden a compartir ciertos puntos de vista, los druidas interpretan estas ideas de diferentes maneras. La creencia druida más compartida es una reverencia por la naturaleza. Los druidas creen que toda la naturaleza es sagrada y está interconectada en una red de vida, incluidos los seres humanos.

Los druidas creían que todo lo que hay en la naturaleza tiene alma o espíritu, incluidas las rocas, los árboles, las plantas, los ríos y los lagos. En el mundo no hay cosas ni criaturas «ordinarias» o «mundanas». Para ellos, todo es sagrado y mágico. Todo está conectado y es interdependiente. Los árboles están conectados con las montañas, las montañas están conectadas con los ríos, y así sucesivamente. Todo está también conectado con los humanos. Nuestro trabajo es «escuchar» a la naturaleza y aprender de ella. Los druidas creían que todo en el mundo contiene una energía creativa especial, y cualquiera que esté dispuesto tiene la capacidad de canalizar y aprovechar esta fuerza.

Los druidas utilizaban esta energía creativa en sus curaciones, hechizos y en su vida cotidiana. Una de las herramientas más importantes para los druidas era la rueda del año, un calendario que marca los días sagrados importantes del año. La rueda del año se divide en 8 estaciones, cada una de las cuales dura aproximadamente dos meses. Las estaciones del año están relacionadas con el ciclo de la naturaleza y las plantas que crecen y mueren.

Prácticas clave del druidismo

Los druidas creen que la naturaleza está llena de magia. Es una creencia básica del druidismo que todo en la naturaleza es mágico y que cada persona puede acceder a esta magia a través de su conexión con la naturaleza. Por esa razón, muchos druidas se refieren a su práctica espiritual como «hechicería» en vez de «magia». Los druidas practican una forma de magia basada en su conexión con la naturaleza. Utilizan plantas, hierbas, cristales y otros elementos naturales para conectar con los espíritus del mundo natural. El concepto druídico de la magia se basa en el mundo como algo vivo y que respira, en lugar de una máquina impersonal y sin vida. En lugar de un sistema mecánico de causa y efecto, es un proceso creativo que se transforma y evoluciona constantemente. Los druidas creen que todo está conectado y que el mundo entero es un solo organismo. Esto les permitía aprovechar el poder de las plantas, los animales, las piedras y otros elementos naturales para crear magia que les ayudara a alcanzar sus objetivos espirituales.

¿Quién puede practicar el druidismo?

Cualquiera puede practicar la magia celta y druida, sin importar la edad, el sexo o la religión. De hecho, este camino ha sido seguido por personas de todos los ámbitos de la vida durante milenios. Es una gran manera de conectar con la naturaleza, encontrar la paz y el orden en su vida, y aprender más sobre uno mismo en el proceso. Si quiere aprender más sobre la magia celta y el druidismo, encontrará muchos artículos y libros dedicados al tema. Encontrar a otros que estén interesados en este camino particular también le ayudará a aumentar su conocimiento, compartir ideas, y practicar juntos.

El antiguo y mágico arte del druidismo: ¿Qué usaban los druidas para la adivinación y los hechizos?

Profundizando un poco más en el mundo de los druidas y sus prácticas, descubrirá muchas más cosas fascinantes sobre este misterioso grupo. Eran un grupo muy respetado y con muchos seguidores. Hoy en día, muchas personas siguen los antiguos caminos de los druidas e incorporan sus prácticas a la vida diaria. Los hechizos, rituales y creencias no son exclusivos de ningún grupo, sino que se pueden encontrar en varias culturas de todo el mundo.

Gran parte de lo que sabemos sobre los druidas procede de los escritos de historiadores romanos y griegos, que no eran precisamente fuentes imparciales. Estos relatos, que describen a los druidas como una misteriosa orden de sacerdotes y filósofos naturales, están llenos de exageraciones y medias verdades. Aún no está claro cómo era la vida de los celtas precristianos. Sin embargo, hay cosas que sí sabemos con certeza. Los celtas creían en muchos espíritus que habitaban su mundo. Tenían varios dioses y diosas, cada uno con sus propias fortalezas y debilidades. Y como muchos otros pueblos, practicaban este arte mágico a través de hechizos y métodos de adivinación.

Herramientas y prácticas de adivinación druida

Antes de que profundicemos en los hechizos druidas y prácticas de adivinación, es útil entender las creencias centrales que gobernaron las prácticas mágicas celtas. Primero y ante todo, la gente en la edad de hierro (el período en que los celtas vivieron) creían que todo en el mundo contenía algún tipo de espíritu. En gaélico, estos espíritus se llamaban «*sidh*». Un *sidh* podía habitar cualquier cosa: plantas, árboles, lagos, rocas e incluso minerales. Los celtas solían colocar ofrendas en estos lugares o pedían consejo a los *sidh*. Paralelamente, los celtas utilizaban diversos métodos de adivinación para comunicarse con los espíritus. Quizá el más común era el augurio (lectura de presagios). Observaban la naturaleza e interpretaban lo que los espíritus les decían a través del movimiento de los pájaros y el vuelo de los insectos, el movimiento del agua o las entrañas de los animales.

Rituales y ceremonias druidas

Tradicionalmente, los druidas también realizaban rituales y ceremonias con el objetivo de influir en el mundo. Uno de los rituales más comunes se denominaba «mutación», cuya intención era transformar una cosa en otra. Un ejemplo de ritual de mutación es la transformación de una oruga en mariposa. Con el tiempo, el druida practicante observaría cuidadosamente a la oruga mientras se transformaba en mariposa. Después de la observación cuidadosa, ellos tratarían de imitar la transformación de la oruga en su ritual. Este ritual fue diseñado para transferir los poderes de la mariposa al druida. Otro ritual común se llamaba «inmolación». Este ritual era una forma de sacrificio, a menudo implicando la matanza o la quema de animales. Los rituales de inmolación se realizaban para apaciguar a los dioses. Si los celtas querían lluvia o una cosecha abundante, realizaban un ritual de lluvia o cosecha. Si había una plaga o enfermedad, realizaban un ritual para apaciguar a los dioses y pedirles que levantaran la plaga.

Adivinación y hechizos

Aunque es imposible saber con exactitud qué tipo de hechizos utilizaban los druidas, podemos hacer algunas conjeturas basadas en historias antiguas. Uno de los relatos más conocidos de la tradición celta es el del Salmón del conocimiento. En esta historia, un joven llamado Finn McCool recibe el encargo de encontrar la sabiduría y el conocimiento. Como parte de este viaje, salió en busca de un salmón que saltaría de un estanque, se comería su pulgar y luego moriría. Finn esperó durante horas a que el salmón saltara. De repente, un salmón saltó y se comió su pulgar. Se apresuró a volver al estanque, cogió al salmón y lo puso sobre una roca para que muriera. Cuando el joven volvió a la roca para recuperar el salmón muerto, descubrió que se había convertido en un anciano. El anciano reveló que era un antiguo druida que había estado atrapado en el cuerpo del salmón durante muchos años. El Salmón del conocimiento era uno de los hechizos más utilizados por los druidas.

Dioses y diosas

Una característica común de las culturas antiguas es que tenían un panteón de dioses y diosas, y los celtas no eran una excepción. Aunque los celtas creían en muchos dioses, dos eran más prominentes que otros. El primero era Lug (Lugh), el dios del sol. Se le asociaba con la cosecha y la estación de crecimiento y se decía que era el dios de la poesía y la inspiración. La otra deidad destacada era Nemain, la diosa de la guerra y la muerte. Nemain era conocida por su furia en la batalla. Era especialmente importante para los galos, el pueblo celta que luchó contra los romanos.

Los fundamentos de la magia druida y la adivinación en la actualidad

Ninguna definición podría hacer justicia a los métodos de magia y adivinación de los druidas. Cada persona que practica estas artes adopta el modo de vida druídico a su manera personal. Dado que la magia druida tiene sus raíces en la naturaleza y extrae su poder de la tierra, la práctica está intrínsecamente conectada con el medio ambiente, inspirándose en los elementos de la naturaleza. Los druidas creían que todo en la naturaleza tenía una conexión con el universo y lo divino. Utilizaban su entorno para potenciar sus hechizos y conjuros druídicos buscando materiales que encontraban cerca. Por ejemplo, usarían artículos naturales con propiedades curativas, como equinácea y lavanda, para lanzar un hechizo para la curación.

Druidismo moderno

Desafortunadamente, no hay una guía detallada de cómo llegar a ser un druida. Usted debe decidir caminar este camino y seguir la guía de su druida interior. Puede tomar algunos años, o aún más, antes de que usted entienda completamente su camino de druida. Permaneciendo fiel y practicando, eventualmente lo logrará.

Es importante notar que existen muchas ramas diferentes del druidismo, aunque la mayoría de ellas tienen mucho en común. Aun así, hay variaciones en las prácticas e interpretaciones de las creencias druidas. Los tipos de druidismo se extienden de grupos antiguos de druidas como la Orden de Bardos, Ovates, y Druidas (OBOD), la Orden antigua de druidas (AOD), a la práctica de neo-druidismo como druidas de seto (aquellos que practican solos) y druidas de arboleda (aquellos que practican dentro de un grupo pequeño).

Druidas de seto

Los druidas de seto esencialmente combinan druidismo y brujería. Este término se refiere a menudo a personas fuera de las líneas tradicionales de poder y conocimiento. Se centran en equilibrar los elementos, utilizando la naturaleza para ayudar a conseguir objetivos. Buscan conectar con su entorno, entrar en comunión con los espíritus y utilizar su poder para el bien. Aquí, la palabra «seto» se refiere a la forma en que combinan la magia y la herboristería tradicionales con el ecologismo moderno. Creen que nuestra relación con el mundo natural es clave para provocar un cambio positivo en nuestras vidas. Sin ella, corremos el riesgo de caer presa de influencias negativas. Un druida de seto busca el equilibrio entre la mente, el cuerpo, el espíritu y el medio ambiente, trabajando juntos como un sistema completo. Esto significa que están abiertos a todas las formas de sabiduría, venga de donde venga, ya sea espiritual o científica. En última instancia, esperan crear armonía entre los seres humanos y la Tierra aprendiendo a cuidar mejor de ambos.

Druidas de arboleda

Un bosquecillo druida es un pequeño grupo de personas que se reúnen para celebrar y explorar la antigua espiritualidad celta y el druidismo. Es un lugar donde se conectan con el mundo natural y entre sí. Hay muchos beneficios para unirse a una arboleda druida, inclusive encontrar nuevas e interesantes personas, aprender más acerca de la cultura celta y la espiritualidad, y tener un lugar para explorar y crecer como individuo. Por suerte, no es necesario ser un experto o tener mucha experiencia para unirse a una arboleda druida. Muchas arboledas y grupos están dedicados a los recién llegados, proporcionando un lugar seguro para hacer preguntas. Si usted está interesado en el druidismo, puede encontrar un grupo en su área o en línea. En última instancia, el druidismo puede ser una gran manera de conectar con la naturaleza, obtener una comprensión más profunda del mundo y sentirse más realizado.

¿Son el druidismo y la magia celta para usted?

Los druidas son a menudo vistos como amantes de la naturaleza que practican una religión profundamente arraigada en la belleza y la armonía de la naturaleza. Si bien esto es cierto, la tradición druida no se limita al amor por la naturaleza. Los druidas son buscadores espirituales que se esfuerzan por conectar con el mundo natural y con su propia sabiduría interior. También están abiertos a nuevas ideas y formas de pensar. El druidismo puede ser una gran opción para las personas que quieren aprender sobre espiritualidad, pero no están seguras de por dónde empezar o para quienes necesitan orientación en el camino. También puede ser una buena opción para las personas que se sienten desconectadas del mundo que las rodea y desean volver a conectar con la naturaleza. El druidismo puede ayudarle a conectar con su propio estado emocional natural, para que pueda comprenderse mejor a usted mismo y a los demás. Esta puede ser una forma poderosa de mejorar sus relaciones, aumentar el conocimiento de sí mismo y fomentar la confianza.

Debido a la conexión con la naturaleza, muchas personas encuentran que el druidismo y la magia celta son buenas alternativas para que la gente conecte con la Tierra y sus ciclos naturales. Hágase las siguientes preguntas para decidir si esta práctica es para usted:

- ¿Me interesan las plantas, los animales o la Tierra?

- ¿Me siento vinculado o preocupado por el medio ambiente?
- ¿Quiero desarrollar mi intuición y mi conciencia?
- ¿Quiero desarrollar mi sentido de la espiritualidad?
- ¿Me interesan las tradiciones y culturas de los antiguos sistemas de creencias?

En las culturas antiguas, los druidas eran una clase privilegiada de personas que practicaban las artes de la naturaleza y la espiritualidad. Estos hombres y mujeres místicos poseían amplios conocimientos del mundo natural, que utilizaban en sus rituales y prácticas. Gracias a su íntima conexión con la naturaleza, los druidas utilizaban diversos hechizos y métodos de adivinación para manipular los elementos naturales. De estas prácticas podemos aprender habilidades esenciales que pueden ayudarnos a vivir vidas más felices y plenas.

Capítulo 6: Paganismo nórdico

La diversidad de tradiciones religiosas del mundo es fascinante. Muchos de estos sistemas de fe han existido durante miles de años y siguen practicándose hoy en día. Algunos son muy conocidos, mientras que otros no gozan de la misma popularidad. Cada religión proporciona a sus seguidores una visión del mundo y de su lugar en él. Aunque el cristianismo es actualmente la religión más popular del mundo, hay otros sistemas de creencias que existen desde la misma época, e incluso anterior, aunque no son tan practicados como antes. Una de estas tradiciones religiosas es el paganismo nórdico.

Cada religión proporciona a sus seguidores una visión del mundo y de su lugar en él
https://www.pexels.com/photo/a-person-covering-the-lighted-candle-he-is-holding-5435272/

Mucha gente se siente atraída por el paganismo nórdico, pero, no sabe exactamente de qué se trata o en qué se diferencia de otros sistemas de creencias como la *Wicca* o el druidismo. En este capítulo se explora todo lo que debe saber sobre este sistema de fe escandinavo poco conocido, incluyendo qué es, su historia, algunas prácticas clave y figuras famosas.

¿Qué es el paganismo nórdico?

El paganismo nórdico es un antiguo sistema religioso practicado por los germanos del norte y los anglosajones durante la Era vikinga (aproximadamente entre los años 800 y 1100 después de Cristo). A veces se hace referencia al paganismo nórdico simplemente como paganismo. La religión se basa en una visión animista del mundo en la que el universo es un organismo gigante en el que todas las criaturas, planetas y objetos tienen alma. Los paganos nórdicos creen en una fuerza divina conocida como «wyrd» o «destino», que guía el universo y controla el destino de todos los seres.

Los nórdicos eran un pueblo germánico septentrional que habitó la actual Escandinavia (Dinamarca, Noruega, Suecia, Finlandia e Islandia) durante la Era vikinga. Por desgracia, gran parte de su historia se ha perdido con el paso del tiempo. La mayor parte de los conocimientos actuales sobre las tribus nórdicas proceden de una época posterior a su conversión al cristianismo. Aunque los detalles del paganismo nórdico no están del todo explicados, sabemos que se basa en un panteón de deidades llamadas Aesir y Vanir. Incluyen dioses y diosas, cada uno de los cuales representa diferentes poderes y características que se pueden invocar en momentos difíciles o para rendir culto de agradecimiento. Algunas de las deidades más destacadas del paganismo nórdico son Odín, Freyr, Frigg, Thor y Tyr.

El subgrupo nórdico Asatru

El pueblo nórdico prosperó en gran parte del norte de Europa y es conocido por su amor a la batalla, su valentía y su gran sed. Este pueblo valiente y fuerte tenía una cultura rica en tradiciones que han sobrevivido hasta nuestros días, no solo como fragmentos o historias anticuadas, sino como una religión activa con seguidores en todo el mundo.

Asatru es el subgrupo del paganismo nórdico que siguen la mayoría de los practicantes contemporáneos de la religión. Asatru se traduce literalmente como «creencia en los dioses». Es un término paraguas que se refiere a muchos tipos diferentes de paganismo germánico. Asatru empezó a surgir con fuerza en el siglo XX como reacción a la creciente influencia del cristianismo en el norte de Europa. El primer grupo Asatru se fundó en la década de 1970. Hoy, Asatru es una religión reconocida en varios países, con más de 4.000 miembros solo en Islandia. Aunque los seguidores de Asatru están unidos en gran medida por su veneración a los dioses nórdicos, otros aspectos de la religión son objeto de debate. Algunos grupos Asatru han adoptado ideas de otras tradiciones paganas germánicas, mientras que otros se mantienen fieles a la religión nórdica original.

Historia del paganismo nórdico

Gran parte de lo que se sabe sobre la antigua fe nórdica procede de pruebas arqueológicas, artefactos y literatura existente. Como ya se ha mencionado, gran parte de la información y las prácticas del paganismo nórdico se perdieron debido a la conversión al cristianismo. Sin embargo, sabemos que las tribus nórdicas eran politeístas, lo que significa que creían en múltiples deidades. Existen fuentes escritas sobre el paganismo nórdico que datan del siglo X que lo demuestran. Además, estos textos muestran que las tribus nórdicas ya se estaban convirtiendo al cristianismo en esa época y que el cristianismo ya se practicaba ampliamente entre el pueblo nórdico. Es probable que el paganismo nórdico empezara a declinar después del siglo XI y que muchas de las tribus se convirtieran completamente al cristianismo en los siglos XII o XIII.

Aunque existe un gran debate sobre los orígenes de esta fe, la teoría más aceptada es que emigraron al norte de Europa desde el sureste de Rusia. Los nórdicos eran marineros que construían grandes barcos de madera, llamados navíos vikingos, que les permitían recorrer grandes distancias y establecerse en zonas como Groenlandia, Canadá e incluso partes del norte de África. También eran hábiles artesanos que producían hermosas obras de arte e intrincadas joyas de plata y oro. Profesaban una religión animista conocida como paganismo nórdico. Esta religión se basaba en la creencia de que el universo era un compuesto orgánico creado y sostenido por un poder divino conocido como Wyrd. Los nórdicos creían que todas las personas, animales e incluso objetos inanimados, como los árboles, tenían alma.

Influencias del paganismo nórdico

Aunque el paganismo nórdico es una religión antigua, también es una fe en evolución que ha sido moldeada por las culturas de los diferentes pueblos que la han practicado. Por ejemplo, los exploradores vikingos viajaron hasta Groenlandia y Norteamérica, llevando consigo el paganismo nórdico. Pero el pueblo inuit que encontraron era tan diferente de ellos que rápidamente incorporaron las costumbres inuit a la fe nórdica. Del mismo modo, los paganos nórdicos que emigraron a regiones anglosajonas como Inglaterra y Escocia tuvieron que adaptar sus rituales y prácticas a las culturas que encontraron en esos lugares. Por lo tanto, la religión nórdica ha evolucionado mucho con el tiempo, adoptando nuevas costumbres, rituales y tradiciones.

Creencias paganas nórdicas

Aunque no existe una única definición de paganismo nórdico, puede definirse a grandes rasgos como un conjunto de creencias y prácticas centradas en la naturaleza y los elementos. En esencia, el paganismo es una visión del mundo que enfatiza la interconexión entre todas las cosas. Considera la naturaleza como una fuente de inspiración y sabiduría y trata de honrarla y cuidarla. Esta cosmovisión también está arraigada en la reverencia al ser o seres supremos y en que todas las criaturas, incluidos los humanos, reencarnan tras la muerte si honran debidamente a los dioses.

Las creencias nórdicas se dividen en dos grupos: las que surgieron de la antigua religión y las que evolucionaron a partir de la cristianización de Escandinavia. Este último grupo adopta la forma de relatos folclóricos, mientras que el primero se manifiesta a través de hallazgos y artefactos arqueológicos. Ambos grupos de creencias responden a varias preguntas sobre la vida, la muerte y la reencarnación. Incluyen consideraciones existencialistas, como por qué hay sufrimiento en el mundo, pero también tratan ideas más trascendentes, como el destino, la predestinación y el libre albedrío. ¿Cómo hemos llegado hasta aquí? ¿De dónde venimos? ¿Cómo acabamos en este planeta? Estas son algunas de las preguntas más importantes que se deben responder para encontrar sentido a la vida. Debemos conocer nuestro origen para saber de dónde venimos. En este sentido, la mitología nórdica proporciona una base excelente para responder a estas preguntas.

Prácticas clave del paganismo nórdico

Hay varias prácticas asociadas con el paganismo nórdico. Aunque muchas de ellas son difíciles de descifrar debido a la pérdida de registros, conocemos ciertos rituales asociados a este sistema de fe. Los nórdicos tenían un conjunto único de creencias relacionadas con la magia, las runas, los dioses y otras criaturas mitológicas. También tenían complejos rituales y ceremonias centradas en la muerte, el renacimiento y la naturaleza. Algunos registros escritos indican que realizaban sacrificios humanos como parte del culto a las deidades. Muchos paganos nórdicos también participaban en el *seidr*, una forma de magia chamánica. En el *seidr*, los practicantes entran en un estado de trance para conectar con el reino espiritual, comunicarse con las deidades y practicar la curación. También hay relatos escritos en los que se menciona que los nórdicos practicaban el *blót*, un ritual de sacrificios y festines en honor de las deidades.

¿Por qué debería interesarnos el paganismo nórdico?

El paganismo nórdico es una religión fascinante que ofrece una perspectiva única del mundo. Esta tradición religiosa recuerda que existen diferentes sistemas de creencias igual o más antiguos que el cristianismo, pero que no reciben tanta atención. El paganismo nórdico es especialmente importante porque ofrece una visión de cómo era el mundo antes del auge del cristianismo. Es una forma de comprender cómo perciben el mundo otras personas y cuál es su lugar en él. El paganismo nórdico también es importante porque muestra lo difícil que fue para la gente convertirse al cristianismo. Los nórdicos eran fieles a su religión y el cristianismo tardó siglos en afianzarse en el norte de Europa.

Los druidas nórdicos y la magia

Los nórdicos son famosos por sus audaces incursiones y su intrépida exploración de nuevas tierras. Sus tradiciones prosperaron en el duro clima del norte de Europa y desarrollaron un fuerte sentimiento de fe en los dioses, que creían que les protegían en todo momento. Creían que el mundo natural estaba lleno de magia y que ciertas personas eran bendecidas con poderes especiales conocidos como «visiones». Estos druidas, o «videntes», como se les conocía, desempeñaban un papel importante en la sociedad nórdica, ayudaban al jefe en sus tareas y le aconsejaban en las decisiones importantes. Los druidas también utilizaban sus poderes mágicos para ayudar a los guerreros antes de la batalla.

Eran una cultura sofisticada y compleja, presente en una gran variedad de regiones. Tenían ricas tradiciones, muchas de las cuales aún hoy no comprendemos del todo. Los druidas nórdicos y las runas mágicas son solo un ejemplo. Es bien sabido que los vikingos respetaban profundamente la naturaleza y sus muchas maravillas, como demuestran sus frecuentes expediciones a cazar y pescar. Sin embargo, algunas de las prácticas vikingas van más allá de la mera reverencia a la naturaleza. De hecho, varios relatos de rituales parecen estar basados en la magia, sobre todo en el uso de palabras especiales (o «runas») para conectar con el mundo de los espíritus y aprovechar la energía divina. A continuación, se presentan estos curiosos relatos para intentar comprender lo que significaban en la práctica.

Runas nórdicas

Las runas son un alfabeto utilizado por muchas culturas del norte de Europa, incluidos los vikingos. La palabra alemana «*runen*» significa en realidad «misterio» o «secreto», lo que pone de relieve lo misteriosos que estos alfabetos parecían a la gente. E incluso hoy en día siguen pareciéndolo. Aunque el origen y el desarrollo de las runas sigue siendo en gran parte un misterio, se sabe que se utilizaban con diversos fines. Por lo general, se tallaban en piedras como forma de escritura. También se utilizaban otros materiales, como la madera y el metal. Sin embargo, también hay pruebas de que las runas se utilizaban con otros fines, como la magia, la adivinación y la curación.

Muchas grandes culturas han utilizado las runas para la adivinación. Entre ellas están los anglosajones, los celtas e incluso los vikingos. De hecho, la tradición de usar runas para la adivinación es tan popular que las runas se han convertido en sinónimo de adivinación en muchos idiomas modernos.

Magia del paganismo nórdico

El término «paganismo» describe en sentido amplio una gran variedad de religiones y filosofías. Suele utilizarse como término general para englobar el neopaganismo moderno y las religiones *wiccanas*, pero también puede utilizarse para referirse a culturas precristianas como los pueblos celtas, germánicos, eslavos o del sur de Asia. La definición de «pagano» varía mucho según los individuos y los grupos. Muchos neopaganos se identifican simplemente como paganos, mientras que otros pueden no identificarse con ninguna religión en particular. Los neopaganos que se identifican como paganos tienden a estar más interesados en su lado espiritual que en un conjunto particular de prácticas o rituales. Estas personas pueden dedicarse a una o más de las siguientes prácticas: meditación, yoga, medicina natural, adivinación (incluyendo la lectura del tarot y las runas), espiritualidad basada en la naturaleza u otros tipos de prácticas espirituales.

Existe un asombroso número de libros y videos sobre la magia pagana. Sin embargo, al explorar este fascinante tema, se deben tener en cuenta varias cosas. En primer lugar, la magia pagana no es un sinónimo de *Wicca*. Mientras que la *Wicca* es un tipo específico de brujería moderna que incorpora elementos de adoración de la naturaleza y la espiritualidad celta, la magia pagana es cualquier forma de magia que se origina fuera de la corriente principal del cristianismo. En segundo lugar, la magia pagana no es necesariamente blanca. Muchas formas de magia pagana incorporan aspectos africanos, asiáticos, nativos americanos y de otras culturas. En tercer lugar, aunque la magia nórdica puede tomar muchas formas, todo se remonta a una creencia fundamental: el poder del individuo para controlar su propio destino. Aprovechando este poder, se puede aprovechar todo el potencial del cuerpo, la mente y el espíritu para un cambio positivo.

Rituales y ceremonias paganas nórdicas

La mayoría de las pruebas del paganismo nórdico provienen de hallazgos arqueológicos. La mayor parte de estos artículos son lo que llamamos ofrendas votivas, que son cosas que la gente deja atrás para mostrar respeto a una deidad o pedir un favor. Van desde pequeñas joyas hasta objetos más grandes, como muebles y estatuas.

También hay muchas pruebas en fuentes escritas. No hay consenso entre los eruditos sobre cuándo y cómo se practicaba la religión, pero hay algunas cosas que coinciden en todas las fuentes. En primer lugar, hay referencias a rituales para honrar a deidades específicas y pedir su ayuda. En segundo lugar, hay referencias a runas y otros símbolos mágicos. En tercer lugar, se habla mucho de espíritus que aparecen en sueños y otras formas de comunicación con el mundo de los espíritus.

Otros tipos de pruebas, procedentes sobre todo de textos antiguos, sugieren que los rituales nórdicos implicaban la práctica de hechizos de curación o protección, la realización de ofrendas a dioses y diosas y la creación de espacios sagrados para la ceremonia. Los sacrificios también eran comunes en el paganismo nórdico. Eran llamados «*blót*» y podían adoptar muchas formas, como ofrendas de comida y bebida, sacrificios de animales, quema de incienso o velas y prender fuego a un objeto. El tipo de sacrificio dependía de la finalidad del ritual. Por ejemplo, si se quería curar a alguien, se ofrendaba comida o bebida para nutrir su cuerpo.

Honrar dioses y diosas

Varios relatos describen rituales en los que participan dioses o diosas concretos. Por ejemplo, se cuenta que los vikingos realizaban un ritual antes de viajar por mar para honrar al dios Tyr y pedir su protección. También se cuenta la historia de un vikingo que enfermó y al que aconsejaron que dedicara sacrificios al dios Frey para curarse.

Existen varias explicaciones de por qué los vikingos realizaban rituales y utilizaban las runas para la magia. Algunos estudiosos sugieren que simplemente intentaban imitar lo que creían que habían hecho los propios dioses. Otros sostienen que intentaban influir en sus dioses y atraer su poder. Por último, algunos afirman que estos rituales estaban diseñados para crear un sentido de comunidad y comodidad y conectar a las personas entre sí.

Cómo practicar el paganismo nórdico

Si le intriga el paganismo nórdico y quiere aprender más sobre este antiguo sistema de fe, puede hacer varias cosas. Primero, puede leer sobre las deidades Aesir y explorar sus historias. Lo mejor es leer fuentes secundarias, como libros o artículos en línea, ya que los textos de la era vikinga suelen ser complejos y difíciles de interpretar. En segundo lugar, puede explorar los escritos de los practicantes modernos del paganismo nórdico para conocer cómo se practica la fe en la actualidad. Por último, puede explorar las pruebas arqueológicas y otros artefactos relacionados con el pueblo nórdico. Esto puede ayudarle a comprender mejor al pueblo y su sistema de fe. Así que, si está interesado en el paganismo nórdico, no hay mejor momento que ahora para aprender más sobre esta fascinante religión.

¿Es el paganismo nórdico para usted?

Aunque algunas personas tratan activamente de revivir antiguas tradiciones y prácticas paganas en el mundo actual, para la mayoría, este término es simplemente una forma de designar a cualquier persona que tenga interés en la religión o la espiritualidad y no esté explícitamente ligada al cristianismo. Si no está seguro en qué cree o busca un camino espiritual inclusivo y personal, considere el paganismo nórdico. Hay muchos caminos que puede seguir, desde las formas más sencillas de culto a la naturaleza y práctica de la gratitud hasta ideas más complejas sobre la relación entre el ser humano y su entorno. Mientras respete su visión y trabaje respetuosamente con los demás, no debe sentirse presionado para encajar en un molde. Hágase las siguientes preguntas para decidir si esta práctica es la adecuada para usted:

- ¿Busco un sistema de fe inclusivo?
- ¿Me siento atraído por el significado de las runas?
- ¿Quiero tener la libertad de elegir qué partes de la fe practicar?
- ¿Estoy dispuesto a aprender sobre los distintos dioses y diosas de esta fe?
- ¿Prefiero la idea de espiritualidad a una religión específica?
- ¿Me interesa la meditación y la autorreflexión?
- ¿Me atrae la idea de venerar a una deidad?

Como puede ver, los nórdicos eran un pueblo complejo con una historia y una cultura muy ricas. Sin embargo, apenas estamos empezando a comprenderlos y aún queda mucho por aprender sobre esta fascinante civilización. Los arqueólogos modernos siguen desenterrando hallazgos nuevos que nos permiten, ir adquiriendo nuevos conocimientos sobre la historia, la cultura, la religión y las prácticas de los vikingos. Los druidas nórdicos y las runas mágicas son solo un ejemplo de las variadas y complejas tradiciones que tenían los vikingos. Es importante tener en cuenta que el paganismo nórdico es una religión antigua que ha evolucionado con el tiempo. Aunque estos hechos proporcionan una base sólida, no son la última palabra sobre el paganismo nórdico. A medida que la religión siga cambiando, nuevas ideas se formarán y enriquecerán la fe, haciéndola aún más fuerte.

Capítulo 7: La magia judía y la Cábala

Con sus diversas formas, el misticismo judío es una de las tradiciones religiosas más polifacéticas del mundo. Su práctica varía desde búsquedas intelectuales moderadas para comprender el mundo del Creador hasta la experimentación intensiva en actividades no religiosas. La primera incorpora los aspectos tradicionales del judaísmo, incluido el seguimiento de los mandamientos de la Torá. Mientras que esta forma típicamente mezcla prácticas de la Torá con simbolismo místico, el lado experimental se basa en actividades de enraizamiento para comunicarse con el Creador. En este capítulo se ve cómo la Cábala, la forma más conocida de misticismo judío, combina ambas prácticas. También se desvela cómo los elementos tradicionales se encuentran con el lado místico en el Árbol de la Vida y las *sefirot*.

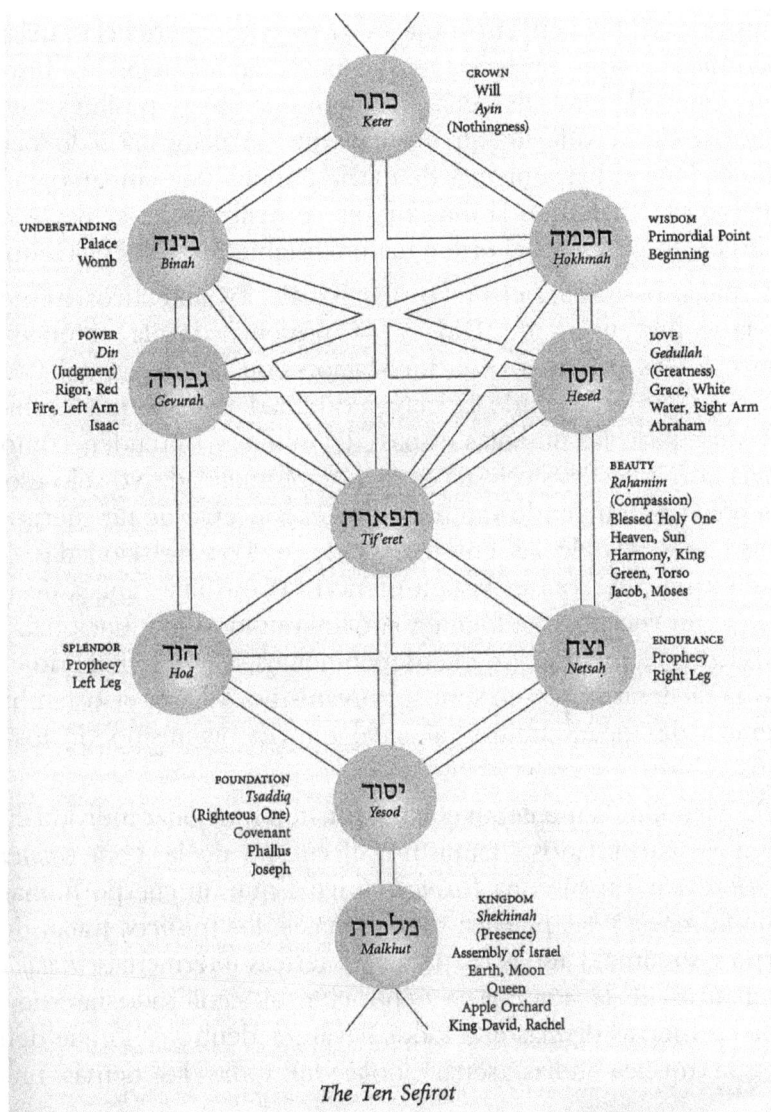

El misticismo judío es una de las tradiciones religiosas más polifacéticas del mundo
*Edaina, CC BY-SA 3.0 http://creativecommons.org/licenses/by-sa/3.0/, vía Wikimedia Commons:
https://commons.wikimedia.org/wiki/File:The_one_tr%C3%A4d.jpg*

¿Qué define la magia judía?

El misticismo judío tradicional representa una colección de prácticas diseñadas para alcanzar la fuente divina que presenta la Torá. Por ello, este libro sagrado se considera el pilar del auténtico misticismo judío y, por extensión, de la magia judía. En las obras de varios místicos a lo largo de la historia se pueden encontrar registros de experiencias mágicas y sobrenaturales, como profecías y visiones. Ciertos registros históricos sugieren que algunas de ellas se consideraban posibles «efectos secundarios» de la vida de un místico, que se dedicaba a lo oculto y experimentaba con herramientas de magia popular. Sin embargo, también hay pruebas claras de que la magia judía se realizaba únicamente con el propósito de comprender el orden natural establecido por el Creador.

Con magia o sin ella, el único objetivo de los auténticos místicos es buscar la comprensión de Dios y su presencia en la naturaleza. El propósito de sus prácticas es la unificación con la esencia del Creador. Esto se consigue obteniendo la mayor cantidad posible de su sabiduría. Buscan descubrir las infinitas capas del alma y aprender cómo está conectada con las esferas celestiales de la espiritualidad. No solo eso, sino que sus prácticas a menudo van más allá del concepto de un cuerpo físico (o incluso más allá de las enseñanzas de la Torá relacionadas con el propio cuerpo). La Torá es vista a menudo como una réplica de un ser vivo. Tiene un cuerpo, una mente y un alma unidos que funcionan como un todo. Estos elementos son interdependientes. Un desequilibrio en uno de ellos crea desarmonía en todo el organismo. El universo también es considerado de forma similar, al igual que el organismo de los seres humanos.

Ni el cuerpo, ni la mente, ni el alma pueden funcionar individualmente porque no están aislados. Asimismo, el cuerpo de la Torá (*nigleh*) no puede sobrevivir sin su alma (*nistar*), al igual que un cuerpo humano. A través de la magia y las prácticas tradicionales, los místicos tratan de unir su cuerpo y su alma, y todas las partes esotéricas intermedias (*halajá*), con las enseñanzas de la Torá. Esta exposición al significado interno de la Torá y a las fuerzas divinas que todos llevamos dentro es lo que define la magia y la mística judías, separándolas de todas las demás prácticas místicas.

A diferencia de prácticas similares que buscan una forma superior de sabiduría espiritual, la magia judía nunca se utiliza para confirmar nociones preconcebidas. Se sabe que las respuestas que persiguen los místicos solo sirven para revelar la verdad divina, aunque sea distinta de la que ellos creían. A lo largo de la historia, los místicos han utilizado la magia para descubrir qué motiva a las almas humanas y qué las ayuda a crecer espiritualmente. Los que alcanzaban un estado de elevación podían vislumbrar la realidad genuina y divina del Creador, y sus percepciones eran verificables. De hecho, muchas de estas percepciones siguen siendo probadas y comprobadas hoy en día a través de las prácticas mágicas judías modernas.

Cábala y magia judía

La Cábala es la forma más antigua y notoria del misticismo judío. Sus raíces se basan en la escritura del *Zohar*, una colección de enseñanzas espirituales y prácticas mágicas judías descubiertas alrededor de la Edad Media, escritas originalmente alrededor del siglo II. El nombre inglés de la Cábala procede de la palabra «cabal», que significa «grupo secreto» o «conspiración», y fue utilizada por primera vez por escritores cristianos medievales. Estos mismos escritores, en lugar de buscar la plena comprensión de las prácticas que describían, las hicieron encajar a la fuerza en las doctrinas de su propia religión. Como resultado, todavía existen muchos malentendidos en torno al misticismo judío, la Cábala y la magia judía.

Tras su redescubrimiento alrededor del siglo XIII, la Cábala empezó a ganar popularidad debido a su conexión con la Torá. Además, contiene una descripción minuciosa de las *sefirot*, la única forma de cualidad divina conocida por las personas. La revelación de esta esencia es una forma de proporcionar una mejor comprensión de cómo tuvo lugar la creación. A partir del siglo XVI, los místicos empezaron a profundizar en el lado experimental de la Cábala, combinando sus enseñanzas con prácticas de magia popular. Esto dio origen a una nueva forma de enfoque cabalístico, conocida como magia judía contemporánea.

Cábala también significa «tradición», lo que significa que la magia judía tiende a basarse en valores y enseñanzas convencionales. Debido a esto, no es simplemente una colección de percepciones personales y sabiduría obtenida a través de experiencias místicas. Tampoco es un sistema de prácticas mágicas que los practicantes desarrollaron debido a sus propios antecedentes culturales y religiosos. Es un poco de ambas cosas. También incorpora elementos de cosmología y ontología. Como ya se ha mencionado, la Cábala se basa en la revelación de la Torá, no en teorías especulativas desarrolladas por personas que intentan encontrar razones para los sucesos divinos. Trata de explorar la relación entre lo divino y sus creaciones.

Los místicos se dieron cuenta de que la mejor forma de probar las hipótesis de la Cábala es experimentándolas mediante prácticas mágicas. Consideraron las teorías y las posibles experiencias, las pusieron a prueba y, cuando lograron verificarlas, las calificaron de aceptables. Muchos de estos místicos han inmortalizado sus descubrimientos, proporcionando fuentes fiables para trabajar diferentes aspectos (esencias), permitiendo a las generaciones futuras continuar con estas prácticas.

Los registros hebreos de las prácticas cabalísticas interpretan el significado de la Cábala como «recibir y aceptar» y «tradición», otra razón por la que esta escuela de pensamiento se hizo tan popular. Al aceptar las antiguas tradiciones y combinarlas con la magia judía cabalística, comprenden mejor lo divino y a sí mismos.

El Árbol de la Vida y los arcángeles

Según la Cábala, la energía del Creador no puede representarse en su forma elemental porque es incomparable con todo lo que los humanos experimentan. La verdadera esencia del Creador, conocida como *«Ein Sof»*, no tiene límites y trasciende todo y a todos. Las personas y el universo interactúan con diferentes energías y encuentran un lugar de una potencia particular que se alinea con sus energías. *Ein Sof* se traduce literalmente como «sin fin». Esto significa que esta energía no tiene un final o un principio al que la gente pueda agarrarse y alinearse. Por eso nadie puede interactuar directamente con ella. Las cualidades sagradas, sin embargo, pueden representarse a través de su interacción con el universo a través de sus vástagos, las creaciones divinas. La ilustración más famosa de la esencia divina son las diez *sefirot*. Las *sefirot* también expresan la forma en que el Creador se comunica con las personas: derramando su energía creativa en el universo, para que luego la tomen los ángeles y la distribuyan entre las personas. La interacción se ejemplifica en el Árbol de la Vida, que tiene diez ramas. Cada rama representa una *sefirot*, una forma de la esencia divina, y un arcángel que supervisa la distribución de poderes. Los arcángeles son seres nacidos el primer día de la creación, que han acumulado una inmensa sabiduría desde entonces. Por ello, cada uno ha adquirido una especialidad única. Las especialidades están vinculadas con la porción de la esencia divina que se les ha encomendado supervisar. Según el *Sefer Yetzirah* (el libro judío de la creación), los arcángeles están asociados a los cuatro elementos naturales: fuego, agua, aire y tierra, así como a los cuatro elementos divinos: dominio, fuerza, misericordia y belleza.

El Árbol de la Vida, también conocido como la flor o semilla de la vida, tiene un aspecto femenino y otro masculino. La energía masculina se transporta por el lado derecho a través de la *sefirá* de la sabiduría, la corona, la eternidad, la bondad y la belleza. La energía femenina, en cambio, viaja por el lado izquierdo, envolviendo la *sefirá* del esplendor, la comprensión, la realeza, el fundamento y la severidad. El árbol tiene una sección llamada «cabeza», que contiene el entendimiento, la corona y la sabiduría de los *sefirots*, todos con la capacidad de distribuir la esencia divina a las ramas inferiores. Estas, a su vez, reciben el nombre de «cuerpo» e iluminan el lado práctico y emocional de lo divino.

Aunque a menudo se manifiestan en forma humana, algunos afirman que los arcángeles también pueden aparecer como espíritus. Esto se debe a que las personas que experimentan interacciones con ellos de forma espiritual suelen ser capaces de percibir únicamente su energía espiritual y no su forma visual. Según la Cábala, los ángeles viven en un espacio espiritual donde pueden absorber la esencia divina. Esta zona se encuentra entre dos de los mundos de la Cábala, *Yetzirah* (formación) y *Beriah* (creación). Después de entregar el mensaje divino, los ángeles ayudan a las personas a elevar sus energías a planos espirituales superiores. A continuación, se ve cómo cada *sefirot* está vinculado con los arcángeles y cuál es el papel de cada arcángel en la vida de las personas.

Keter - Corona

La corona es supervisada por el arcángel Metatrón, quien, como ángel de la vida, es el primero en recibir la energía divina. Él fue traído a la vida por el Creador y dirige esta esencia hacia el universo, estableciendo un equilibrio entre las diferentes partes de él. Metatrón ayuda a atraer el poder espiritual sagrado a la vida de las personas. A menudo, es venerado por quienes desean obtener la iluminación y sienten una conexión con lo divino, aunque no interactúen con él directamente.

Chokhmah - Sabiduría

Esta *sefirá* es el dominio del arcángel Raziel, el ángel del misterio y el secreto. Para ayudar a las personas a obtener sabiduría, Raziel las conduce a la revelación de misterios y verdades que desconocían. No solo eso, también muestra a las personas cómo utilizar su nueva sabiduría de forma práctica. Este arcángel es invocado (a través de las *sefirot*) por quienes desean alcanzar su pleno potencial o encontrar el propósito que el Creador les otorgó.

Binah - Entendimiento

El entendimiento es la *sefirá* regida por el arcángel Tzaphkiel. Como ángel de la compasión y la energía espiritual, Tzaphkiel es responsable de ayudar a las personas a comprender la esencia de lo divino. Instruye a la gente sobre el Creador, ofreciendo conocimientos sobre sus hijos (la propia gente y todos los seres vivos). A Tzaphkiel acuden quienes quieren asegurarse de que sus decisiones están en consonancia con su esencia.

Chesed - Misericordia

Esta *sefirá* está iluminada por el arcángel Zadkiel que, como ángel de la misericordia, garantiza que la misericordia de Dios se distribuya equitativamente por todo el universo. Él inspira a la gente a encontrar la bondad hacia los demás y mostrar misericordia, tal y como el Creador hace con ellos. Zadkiel también ayuda a las personas a encontrar paz a través de la oración y les muestra que sus plegarias son escuchadas, siempre y cuando sea en su propio beneficio.

Geburah - Fuerza

Dirigida por el arcángel Chamuel, esta *sefirá* es de donde surge la verdadera esencia de las relaciones. Chamuel muestra a las personas que, para construir una relación sólida, deben ser sinceras consigo mismas y con los demás. Tener mejores relaciones trae paz. Para ello, el ángel pone a prueba las motivaciones de las personas en las relaciones, purificándolas en el proceso, lo que en última instancia les permite tener una mejor relación con lo divino.

Tiphareth - Belleza

La *sefirá* de la belleza es el resultado del trabajo conjunto de los arcángeles Rafael y Miguel. Como ángel favorito del Creador, Miguel ayuda a expresar la belleza divina a la gente; el ángel de la curación, Rafael permite encontrar y utilizar la belleza para curarse a sí mismo. Enseñando a la gente, el significado divino (verdadero) de la belleza, este dúo de ángeles permite alcanzar un nivel superior de conciencia espiritual.

Netzach - Eternidad

El arcángel Haniel supervisa la eternidad. Es el ángel de la alegría, que distribuye la esencia divina de la eternidad mostrando a las personas que pueden confiar en Dios. No espera que la gente cambie sus emociones. Haniel proporciona una visión que lleva a la alegría y la felicidad, independientemente de sus situaciones.

Hod - Gloria

También dirigida por el dúo de Miguel y Rafael, Hod es la *sefirá* en la que se expresa la gloria del Creador. Como la gloria es bella, esta rama está ligada a la belleza. Los dos arcángeles aseguran que la gloria permanezca bella y victoriosa, erradicando el pecado de la vida de las personas. A menudo ayudan a las personas a encontrar el significado de la gloria en sus propias vidas.

Yesod - Fundación

Fundación es la *sefirá* en la que trabaja Gabriel, el ángel de la revelación. Su dominio es la comunicación y representa los cimientos de la vida de las personas, razón por la cual se le confían los cimientos del árbol sagrado. Gabriel se encarga de los mensajes que las personas envían para expresar su fe y de las respuestas que les permiten apoyarse en esta fe.

Malkuth - Reino

Esta sefirá está regida por Salfadón, el arcángel de la oración y de la música. Es otro ángel que ayuda a las personas a comunicarse con lo divino. Al permitir que la gente exprese sus pensamientos a través de otras formas de comunicación, Salphadon facilita el flujo de información, alimentando la esencia divina en todos.

Los rasgos principales de las prácticas mágicas judías

Hoy en día, las prácticas del misticismo judío están abiertas a la interpretación personal. Algunos seguidores de las costumbres tradicionales se basan únicamente en los antiguos escritos secretos que se encuentran en el *Zohar*. Otros se toman más en serio la parte mística de sus prácticas, intentando conectar los elementos tradicionales con los mágicos. Estos practicantes suelen utilizar recursos cabalísticos tanto para las oraciones como para los actos mágicos. Por ejemplo, pueden tener un libro de oraciones tradicionales y un libro de sombras para la magia que realza la espiritualidad. Otro grupo practica solo la magia popular, incorporando unos pocos elementos cabalísticos en su práctica. Esto suele estar vinculado a una esencia específica (*sefirot*) o energía mencionada en la Cábala. Aunque les resulta más provechoso seguir las antiguas creencias, estos practicantes suelen encontrar consuelo y poder en las energías divinas.

Aunque las prácticas mágicas judías han evolucionado a lo largo de la historia, siguen siendo paralelas a las enseñanzas tradicionales de la Torá. Una de las prácticas más populares consiste en visitar los lugares de descanso de los antepasados, normalmente antiguos practicantes (llamados sabios). Se cree que estos lugares sagrados contienen poderes mágicos y suelen utilizarse para potenciar hechizos, encantamientos y rituales. Según la tradición judía, estos lugares contienen elementos de magia popular. Por ejemplo, algunos son conocidos por sus excepcionales poderes curativos, mientras que otros ayudan a encontrar el amor. Otra práctica que sigue vigente es la fabricación de amuletos mágicos. Las pulseras y otros amuletos con inscripciones sagradas o símbolos como el *hamsa* se utilizan a menudo para curar, proteger, librar del mal de ojo y potenciar los poderes mágicos.

La astrología también se incorpora a las prácticas mágicas judías modernas. El zodiaco ha servido de referencia central para el simbolismo y la adivinación. Los practicantes contemporáneos creen que la energía divina les da una visión de su vida presente y futura. Según ellos, esta información puede encontrarse en la propia mente u obtenerse del mundo sobrenatural creado por el Creador. Para revelar lo primero, los místicos suelen recurrir a la adivinación de los sueños. Sin embargo, aconsejan utilizar los sueños proféticos junto con otras prácticas para obtener mejores resultados. Los sueños de una persona pueden ser influenciados por buenas intenciones, ofreciendo a menudo la oportunidad de recibir mensajes espirituales. Sin embargo, también se ven afectados por aspectos malintencionados, que pueden dar lugar a profecías distorsionadas.

Aunque hoy en día la mayoría de los practicantes prefieren invocar solo a los ángeles, en el pasado se invocaba tanto a los espíritus buenos como a los malos, según pruebas históricas escritas. Sin embargo, los mismos registros históricos muestran que muy pocos místicos saben interactuar con seres sobrenaturales distintos de los ángeles. Por eso, no es aconsejable invocarlos, sobre todo por parte de principiantes que acaban de adentrarse en este mundo.

Paralelamente, el lanzamiento de conjuros es otro acto asociado a la magia judía moderna. Aún no está claro si los místicos utilizaban hechizos o conjuros reales en la antigüedad. Sin embargo, algunos consideran que la magia hablada (como a menudo se denomina al lanzamiento de conjuros) ha estado presente desde el principio de los tiempos. Muchos practicantes creen que el acto de la creación fue un hechizo lanzado sobre el mundo. Los hechizos pueden usarse con fines constructivos o destructivos, pero muchos prefieren usarlos solo con fines positivos y veraces. El trabajo con hechizos en la magia judía suele consistir en invocar energía divina y utilizarla para enriquecer las propias prácticas y obtener el objetivo de revelar la verdad.

¿Es la magia judía para usted?

Cada persona está naturalmente limitada en su capacidad de absorber el poder divino del Creador y la Torá y cada uno debe examinar su propio potencial. Sin embargo, tener habilidades limitadas no significa que no pueda explorar los caminos por los que podrían llevarle. Si se pregunta si tiene la capacidad de practicar la magia judía y, en caso de una respuesta afirmativa, en qué medida, responda a las siguientes preguntas para descubrir si este camino es para usted.

- ¿Quiero potenciar mi magia con prácticas adivinatorias, cantos y conjuros?
- ¿Utilizo hierbas o plantas con fines curativos o de otro tipo?
- ¿Invoco solo a los ángeles para que me guíen, me den energía adicional, etc., o también a los espíritus?
- ¿Hago y utilizo amuletos y talismanes para potenciar mi práctica?
- ¿Frecuento o deseo visitar lugares conocidos por ser fuentes energéticas mágicas para los místicos judíos?

Si ha respondido afirmativamente a la mayoría de las preguntas, sentirá la necesidad de inspirarse en la energía mística de la Torá y la Cábala. Si la mayoría de sus respuestas son negativas, puede que la magia judía no sea la elección adecuada para usted. Si sus respuestas están divididas en partes iguales, quizás aún pueda convertirse en un místico. Siéntase libre de continuar con las prácticas de las que sienta un llamado.

Capítulo 8: Plantas y hierbas sagradas

Las hierbas y las plantas siempre han estado relacionadas con la magia y las tradiciones sobrenaturales. Durante siglos, la gente se ha beneficiado de ellas por sus capacidades curativas. Para malestares que van desde heridas superficiales hasta dolencias graves, han sido fuente de curación y bienestar. También desempeñan un papel importante en la práctica de la magia popular. Dado que muchos practicantes de magia popular eran curanderos, es lógico que hayan incorporado estas hierbas y plantas sagradas en muchos de sus hechizos curativos. También las utilizaban en hechizos para mejorar sus comunidades y solucionar problemas a los que se enfrentaban. Muchos practicantes también recurren a las plantas y hierbas sagradas para conectar con el otro mundo y los seres sobrenaturales.

La canela es una de las hierbas más antiguas del mundo
https://www.pexels.com/photo/cinnamon-sticks-71128/

Todas las tradiciones mágicas utilizan plantas y hierbas sagradas. Cada una de ellas tiene una larga y rica historia en este sentido. Por ejemplo, la mayoría de la gente asocia el muérdago con los adornos navideños y los besos. Lo que quizá no sepa es que el muérdago es anterior a la Navidad y que ha tenido una gran influencia en la magia durante siglos, empezando por el interés de los druidas en esta planta. Lo mismo ocurre con muchas de las hierbas que seguramente tiene en su cocina. Puede que piense que solo sirven como especias para dar sabor a su plato o como remedio para dolencias comunes. Sin embargo, estas hierbas y plantas son más poderosas de lo que parecen y usted puede beneficiarse de sus poderes al igual que sus antepasados. Este capítulo se centra en las plantas y hierbas sagradas y permite aprender todo lo que pueden ofrecer.

Manzanilla

Puede que ya esté familiarizado con la manzanilla, ya que a menudo se recomienda a las personas para calmar los nervios. La manzanilla es una planta compuesta por una hermosa flor con pétalos blancos, que se encuentra en muchos jardines. Esta hierba se incluye a menudo en varios hechizos y rituales mágicos. La manzanilla ha formado parte del mundo mágico desde la antigüedad. Los antiguos egipcios fueron una de las primeras culturas en utilizarla, pero los ingleses la popularizaron.

Tradiciones mágicas

Se cree que la manzanilla se utilizaba en el paganismo nórdico, ya que era muy popular entre los vikingos. De hecho, es la planta de Asgard y se menciona en algunas de sus obras literarias. También se asocia con la diosa celta de la fertilidad, Cernunnos. En la magia popular americana y el hoodoo, la manzanilla es una hierba popular que trae buena suerte. Antes de apostar, los jugadores suelen lavarse las manos con manzanilla para aumentar sus posibilidades de ganar.

Significado espiritual

La manzanilla es un símbolo de positividad, y su flor simboliza el aplomo y la humildad. La flor tiene la capacidad de hacer realidad deseos. Muchas tradiciones mágicas tienen interpretaciones similares de la manzanilla, la consideran una hierba que trae buena suerte.

Prácticas mágicas

La manzanilla sirve para limpiar espacios y proteger contra ataques mágicos. También se considera un amuleto de la suerte. Además, se utiliza en rituales de destierro. Al igual que otras hierbas, la manzanilla ahuyenta la energía negativa y los malos espíritus. También es muy popular en la magia con velas. Algunas personas también la utilizan para contrarrestar hechizos. Siempre ha sido un ingrediente esencial en los hechizos de prosperidad y bendición, aunque también se utiliza en otros hechizos y rituales.

- La manzanilla se utiliza en hechizos para atraer la paz, la felicidad y el amor.
- Los practicantes se lavan las manos con manzanilla antes de practicar cualquier hechizo para aumentar sus posibilidades de éxito.
- Se utiliza en baños rituales que suelen tener lugar antes de realizar cualquier hechizo.
- La manzanilla en baños rituales también ayuda a liberar sentimientos negativos como la ira o el dolor y a dejar ir a un antiguo amante.
- Quemar manzanilla atrae dinero a la vida.

Canela

La canela es una de las hierbas más antiguas del mundo. Su lugar de origen es Sri Lanka, pero otras culturas llevan siglos utilizándola. Por ejemplo, los antiguos egipcios utilizaban la canela para momificar a sus muertos. Los primeros en utilizar la canela fueron los chinos, en el 2800 a. C. Tanto en la antigüedad como en la actualidad, la canela es conocida por sus propiedades curativas.

Tradiciones mágicas

Como una de las hierbas más antiguas que existen, la canela está presente en múltiples culturas y tradiciones mágicas. Se utiliza en la espiritualidad africana para proteger a las personas y los hogares de la magia maligna. Los mexicanos la utilizan en el curanderismo en el festival del Día de Muertos para deshacerse de la energía negativa.

Significado espiritual

La canela tiene cualidades ardientes porque está regida por Marte y el Sol. Durante miles de años, esta antigua hierba ha sido símbolo de espiritualidad, fertilidad, buena salud, protección, amor y buena suerte. Los practicantes utilizan la canela para bendecir sus herramientas mágicas y el lugar antes de lanzar un hechizo. Existe una misteriosa conexión entre la canela y el espíritu humano. Quemar esta hierba ardiente aumenta los poderes espirituales y mejora la capacidad psíquica. En diversas prácticas mágicas, los practicantes valoran la canela principalmente por sus capacidades protectoras.

Prácticas mágicas

Cuando se trata de hechizos de amor, no hay mejor hierba que la canela. Es un poderoso afrodisíaco y puede despertar sentimientos de lujuria entre los amantes. Por eso, los hechiceros suelen incluirla en sus hechizos de amor y magia sexual. También se utiliza para recuperar un antiguo amor. La canela también tiene cualidades protectoras, por lo que la gente la incorpora en prácticas relacionadas con la protección contra energías negativas. Algunos hechizos tardan más que otros en mostrar resultados. Los practicantes que quieren acelerar el proceso, a menudo utilizan la canela para hacer que los hechizos funcionen más rápido. La canela también es un ingrediente necesario en los hechizos de curación, los que traen buena suerte y los que traen éxito. Los practicantes también incluyen la canela en varias otras prácticas.

- Quemar canela purifica el espacio.
- La canela puede utilizarse como amuleto de la buena suerte.
- Puede limpiar y purificar sus herramientas de adivinación y cargarlas de energía clarividente con canela. Simplemente ponga una ramita en su bolsa de herramientas o de runas o en su paño de cartas del tarot.
- Los practicantes incluyen la canela en rituales lunares y en hechizos que traen alegría y riqueza a la vida y proporcionan protección.
- Tomar bebidas con canela aumenta la perspicacia y ayuda en la adivinación.
- Los practicantes la incluyen en rituales para la prosperidad, el éxito o lo que la persona desee.
- Los practicantes utilizan la canela en rituales que traen la victoria.

Incienso

El incienso es una planta que se considera una resina mágica. Crece en los árboles y se asocia a las culturas africanas, entre otras. Personas de todo el mundo han utilizado el incienso durante siglos. Las culturas que creen en la reencarnación bañan a los recién nacidos en aceite de incienso para limpiarlos de los demonios de vidas pasadas.

Tradiciones mágicas

En el hoodoo y el trabajo de raíces, los practicantes utilizan el incienso para bendecir sus peticiones. El incienso tiene una potente vibración energética, por lo que los practicantes de hoodoo suelen mezclarlo con hierbas más débiles para que les dé un impulso mágico. En la tradición africana, se cree que el aroma del incienso aleja a los espíritus malignos.

Significado espiritual

Durante siglos, el incienso se ha utilizado en rituales espirituales. Esta resina mágica simboliza la rectitud y la santidad. Diversas prácticas lo utilizan por sus cualidades protectoras.

Práctica mágica

Los practicantes utilizan el incienso para purificar los espacios, especialmente los sagrados. También trae buena suerte. Además, lo utilizan en diversos rituales espirituales, ya que aleja las energías negativas. Los curanderos lo usan en rituales y remedios curativos desde la antigüedad. También se utiliza en rituales que permiten comunicarse con el otro mundo o con los espíritus de los antepasados. Se cree que la fragancia del incienso llama la atención de los espíritus para que ayuden a los practicantes en sus rituales. También se utiliza para invitar a los buenos espíritus.

Muérdago

La mayoría conoce el muérdago por ser el famoso adorno navideño bajo el cual la gente se besa. Sin embargo, es algo más que un adorno. Varias culturas a lo largo de la historia han venerado esta planta. El muérdago tiene varias propiedades mágicas y se cree que es un buen augurio que proporciona protección contra la brujería.

Tradiciones mágicas

En el druidismo, el muérdago desempeñaba un papel importante en las prácticas mágicas. Estaba asociado a la tradición mágica celta, ya que los druidas lo veneraban mucho y lo consideraban una planta sagrada. Creían que el muérdago solo era poderoso y eficaz cuando crecía en los árboles. En cambio, perdía toda su magia si caía al suelo. Por este motivo, los druidas se subían a los árboles para recolectar la planta. Se cree que los druidas fueron los primeros en utilizar el muérdago como decoración. Para ellos, el muérdago no era una planta corriente, sino que tenía la capacidad de hacer milagros. Los druidas creían que era un símbolo de vida. Observaban cómo las hojas se marchitaban y caían de los árboles, mientras que el muérdago prosperaba, manteniendo su hermoso color verde. Permanecía vibrante en medio de árboles moribundos, por lo que los druidas lo consideraban un símbolo de vida y renacimiento.

En las tradiciones nórdicas, el muérdago se consideraba un amuleto de la buena suerte. En la tradición mágica vudú, se utiliza para alejar a los malos espíritus.

Significado espiritual

El muérdago es símbolo de inmortalidad, fertilidad, renacimiento, magia, protección, feminidad, paz, curación y unificación. La razón de todos estos atributos simbólicos es la poderosa magia que encierra. La planta posee energías tanto femeninas como masculinas. También simboliza el amor, por lo que se convirtió en tradición besarse bajo ella. El vudú, los druidas y las prácticas nórdicas tenían diversas interpretaciones de lo que representaba esta planta.

Prácticas mágicas

El muérdago se incluye en hechizos de protección y de buena suerte. También lo utilizan en hechizos para fomentar el perdón y atraer el amor. Se utiliza en hechizos curativos y protege contra los inviernos fríos y diversas enfermedades. Otras prácticas mágicas son:

- Protección contra espíritus malignos, brujas malvadas y fantasmas.
- Los practicantes la incluyen en remedios para curar el envenenamiento.

Artemisa

La artemisa es una hierba antigua, pero se utiliza a menudo en las prácticas mágicas modernas.

Tradiciones mágicas

Los nativos americanos utilizan la artemisa para protegerse de los fantasmas. También se usa en rituales de purificación de los chamanes.

Significado espiritual

La artemisa se asocia con la diosa de la luna, Artemisa, y con la magia lunar. Mezclar esta hierba con otras puede proporcionar una experiencia profundamente espiritual.

Prácticas mágicas

Los practicantes utilizan la artemisa para diversas prácticas mágicas, como la purificación, los conjuros y el incienso. La artemisa también se utiliza en hechizos curativos. En el pasado, la gente creía que ciertas enfermedades eran causadas por los Fae (hadas) y que la artemisa era la hierba perfecta para combatir este tipo de enfermedades. También se utiliza en prácticas adivinatorias para potenciar el don de la profecía y en baños rituales para ayudar a quienes sufren de sueños hiperactivos.

- La artemisa se utiliza como protección contra los ataques psíquicos.
- Se utiliza en adivinación, como en el trabajo con runas o la lectura de cartas.
- Se usa para aumentar las capacidades psíquicas.
- La artemisa se usa en hechizos protectores contra espíritus malignos.
- Se utiliza en la lectura de hojas de té.
- Se utiliza para limpiar las herramientas de adivinación.
- Se incluye en rituales de incienso.
- Se utiliza para invitar a los buenos espíritus.

Romero

Los antiguos médicos valoraban mucho el romero, pues sabían lo que esta hierba podía ofrecer. En esa época, el romero era una de las hierbas más eficaces para los problemas cerebrales y de memoria. No es exagerado decir que todo practicante debe llevar siempre consigo romero, ya que puede sustituir muchas hierbas en el trabajo de hechizos. Existe la idea errónea de que, puesto que el romero se utiliza en brujería, no es seguro utilizarlo en otros tipos de magia. Sin embargo, el romero no tiene nada de dañino o maligno y se utiliza comúnmente en diversas prácticas populares en todo el mundo.

Tradiciones mágicas

Varias tradiciones mágicas de todo el mundo utilizan el romero como protección contra brujas y espíritus malignos. En la magia hoodoo, los practicantes lo utilizan por sus propiedades protectoras. Creen que les protege contra los malos espíritus y les trae buena fortuna. También se cree que esta hierba garantiza que un matrimonio sea largo y feliz y que ambos cónyuges se mantengan fieles el uno al otro. El romero también es popular entre los druidas, que lo utilizan para comunicarse con sus antepasados y agudizar la mente. También se utiliza para atraer a las hadas.

Significado espiritual

El romero es símbolo de espiritualidad y longevidad. Antiguamente, si crecía en la cocina o el jardín de alguien, significaba que la señora de la casa era la que mandaba. Según la mitología, sólo así florecía y crecía el romero. Esta hierba siempre ha sido un símbolo de la memoria y el recuerdo. Por eso, suele colocarse en las tumbas, significa que los difuntos nunca se olvidan. En la antigüedad, el romero también se consideraba un símbolo del amor. La gente creía que colocando la hierba bajo la almohada verían en sueños a la persona con la que estaban destinados a estar. El romero también simboliza el amor eterno, por lo que muchas novias lo llevan el día de su boda. También se asocia con la fe, y mucha gente lo usa cuando lucha con sus creencias. Puede evitar que las personas cometan pecados, ya que protege sus almas y les ayuda a resistir la tentación.

Las distintas tradiciones tienen diversas interpretaciones de esta hierba. Por ejemplo, los practicantes de hoodoo la utilizan por sus propiedades protectoras, mientras que los practicantes del druidismo la utilizan para la adivinación y el trabajo visionario.

Prácticas mágicas

Los practicantes queman romero delante de sus casas para protegerlas de los ladrones y de cualquiera que desee hacerles daño. También lo utilizan contra los malos augurios y las malas energías. Puede ser una herramienta eficaz para limpiar el interior de las casas. El romero es uno de los ingredientes esenciales en los hechizos para ahuyentar a los malos espíritus. Como es un símbolo de amor, los practicantes lo utilizan en pociones amorosas. Quemar romero en casa ahuyenta la mala suerte y atrae la buena fortuna. Esta hierba también forma parte de hechizos, rituales y prácticas adivinatorias que proporcionan curación y aumentan las capacidades psíquicas y la espiritualidad. También se utiliza en otras prácticas mágicas.

- Los practicantes utilizan el romero en hechizos curativos.
- Se utiliza en pociones de amor para ayudar a encontrar el amor verdadero.

- Los practicantes lo utilizan como protección contra los malos acontecimientos.
- El romero es un ingrediente esencial en los hechizos que invocan la pasión.
- Se utiliza en hechizos para traer de vuelta un viejo amor.

Salvia

La salvia es una de las hierbas más populares. Durante miles de años, la gente la ha utilizado para hacer infusiones, como ingrediente en diferentes recetas y en diversas prácticas mágicas. La salvia es conocida como planta curativa, de ahí su nombre. La palabra salvia deriva de «*salvare*», una palabra latina que significa «curar».

Tradiciones mágicas

La salvia tiene su origen en las tradiciones europeas. La gente la secaba, la quemaba y la utilizaba en ceremonias de limpieza. Los practicantes europeos también la utilizaban para ahuyentar a los malos espíritus y proteger a sus comunidades. Además, la utilizaban como amuleto de la buena suerte y algunos creían que podía conceder la inmortalidad. Los nativos americanos y los europeos utilizan la salvia por sus propiedades curativas y como protección contra el mal. Las tradiciones africanas utilizan la salvia para la limpieza, la purificación y la protección contra los malos espíritus y las energías negativas. También la utilizan en la adivinación y para comunicarse con sus antepasados. Otras culturas que utilizan la salvia son los inuit, los metis y las Primeras Naciones de Norteamérica.

Significado espiritual

Personas de todo el mundo llevan miles de años utilizando la salvia por sus propiedades curativas y espirituales. Las culturas antiguas la utilizaban para protegerse de los malos espíritus. También la consideraban un símbolo de sabiduría, ya que creían que tenía el poder de otorgarla. La popularidad de la salvia no ha desaparecido. Hoy en día, la gente cree en su capacidad protectora y la utiliza para purificar espacios de energías negativas. En las tradiciones africanas, la gente utiliza la salvia para las mismas prácticas espirituales y también como protección contra individuos malintencionados.

Prácticas mágicas

La práctica más común de la salvia es el sahumerio. El sahumerio es una práctica de los nativos americanos que limpia de energía negativa un lugar, a una persona o a un grupo de personas. A menudo se hace antes del trabajo espiritual. Se necesita un manojo de salvia para este ritual. Encienda las puntas con una cerilla, deje que ardan durante unos segundos y luego apáguelas. Dirija el humo hacia la persona o el espacio que quiera limpiar. Los practicantes también utilizan la salvia para otras prácticas.

- La quema de salvia durante los funerales ayuda a las familias en duelo a crear un vínculo con el espíritu del difunto.
- Esparcir salvia fresca o seca en el exterior sirve para bendecir un espacio.
- La salvia es el ingrediente principal de los hechizos que otorgan sabiduría.
- Colocar salvia bajo la almohada protege contra las pesadillas.
- Colocar salvia en la cartera aumenta la prosperidad.
- Se utiliza en hechizos para olvidar a alguien o poner fin a un enamoramiento enfermizo.
- Colocar salvia seca alrededor de una vela azul calma el espíritu.

Una de las cosas más interesantes de las plantas y hierbas sagradas en la magia popular es que todas protegen contra los espíritus malignos. En épocas anteriores, los espíritus malignos eran una preocupación real entre las comunidades. Estas hierbas y plantas servían como herramientas de protección y para tranquilizar a la gente. Hoy en día, la gente tiene otros miedos y preocupaciones además de los espíritus malignos, como las energías negativas y las personas que quieren hacerles daño. El uso de hierbas y plantas sagradas soluciona muchos de estos problemas.

Tampoco se pueden olvidar sus propiedades curativas. Muchos de los practicantes de magia popular eran curanderos y personas astutas que utilizaban hierbas y plantas para diagnosticar enfermedades y sanar a sus comunidades. En un capítulo posterior, se verán varios hechizos que se pueden realizar utilizando estas plantas y hierbas sagradas.

Capítulo 9: Signos, símbolos y amuletos

En este capítulo se enumeran los amuletos más comunes utilizados en las diferentes prácticas ilustradas en los capítulos anteriores. En primer lugar, se presenta una lista de símbolos, y depende de usted decidir por cuál se siente atraído. Simplemente observe y confíe en su instinto para saber cuál le sería útil. En caso de que aún no haya determinado qué tradición se alinea con sus valores, examinar los símbolos asociados a cada práctica le ayudará a tomar una decisión segura.

He aquí la lista de símbolos que debe conocer:

1. El nudo celta

El nudo celta

Eugenio Hansen, OFS, CC BY-SA 4.0 https://creativecommons.org/licenses/by-sa/4.0, vía Wikimedia Commons: https://commons.wikimedia.org/wiki/File:Triquetra-circle-interlaced-black.svg

2. La cruz celta

La cruz celta
GabrielGGD, CC0, vía Wikimedia Commons:
https://commons.wikimedia.org/wiki/File:Celtic_Crosses.svg

3. La Triquetra

La Triquetra
https://commons.wikimedia.org/wiki/File:Triquetra-Vesica.svg

4. El símbolo quíntuple

El símbolo quíntuple
https://commons.wikimedia.org/wiki/File:20-crossings-ornamental-knot.svg

5. La espiral

La espiral
https://commons.wikimedia.org/wiki/File:Triple-Spiral-Symbol-heavystroked.svg

6. Ankh

Ankh

Alexi Helligar, CC BY-SA 3.0 https://creativecommons.org/licenses/by-sa/3.0, *vía Wikimedia Commons:* https://commons.wikimedia.org/wiki/File:Ankh_(SVG)_01.svg

7. Sol alado

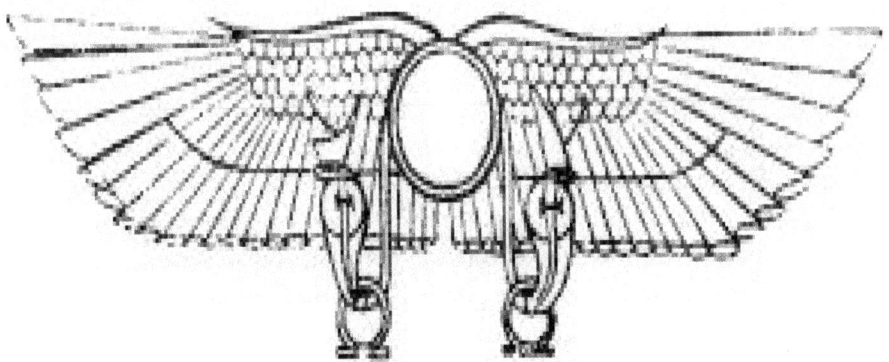

Sol alado

https://commons.wikimedia.org/wiki/File:Winged_sun_sharpe.png

8. *Adinkra*

Adinkra
kasahorow de Openclipart, CC0, vía Wikimedia Commons:
https://commons.wikimedia.org/wiki/File:Gye_Nyame_(Adinkra_Symbol).svg

9. La serpiente

La serpiente
https://commons.wikimedia.org/wiki/File:Sea_Serpent_after_Owen_1741.png

10. El yelmo de Awe

El yelmo de Awe
https://commons.wikimedia.org/wiki/File:Aegishjalmr.svg

11. El *hamsa*

El Hamsa
Primera versión Fluff Esta imagen vectorial no especificada por el W3C fue creada con Adobe Illustrator.nueva versión de 2011 Perhelion Esta imagen vectorial no especificada por el W3C fue creada con Inkscape, CC BY 3.0 <https://creativecommons.org/licenses/by/3.0>, vía Wikimedia Commons https://commons.wikimedia.org/wiki/File:WPVA-khamsa.svg

12. El mal de ojo

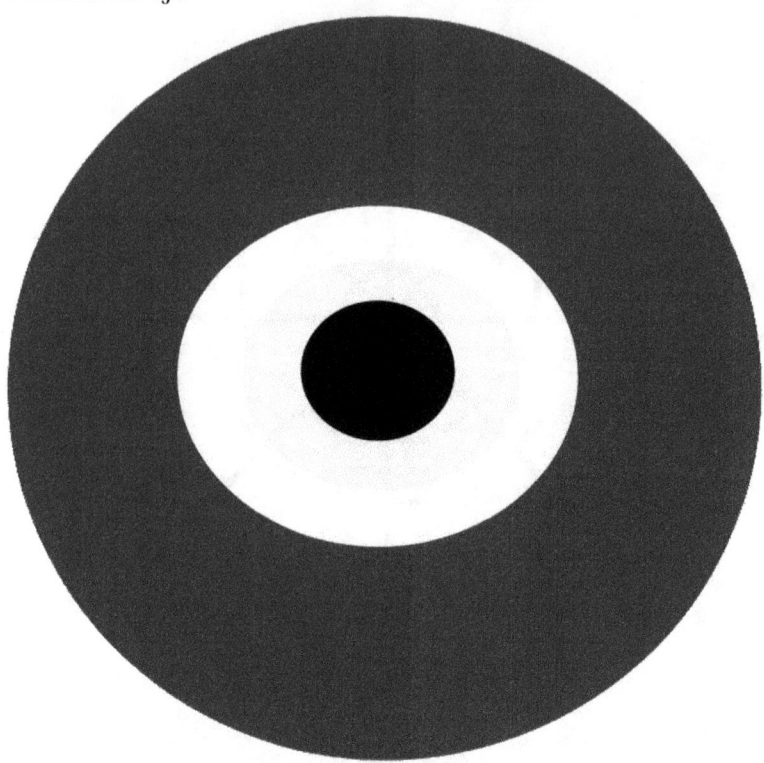

El mal de ojo
https://commons.wikimedia.org/wiki/File:Evil_eye.svg

13. El Árbol de la Vida

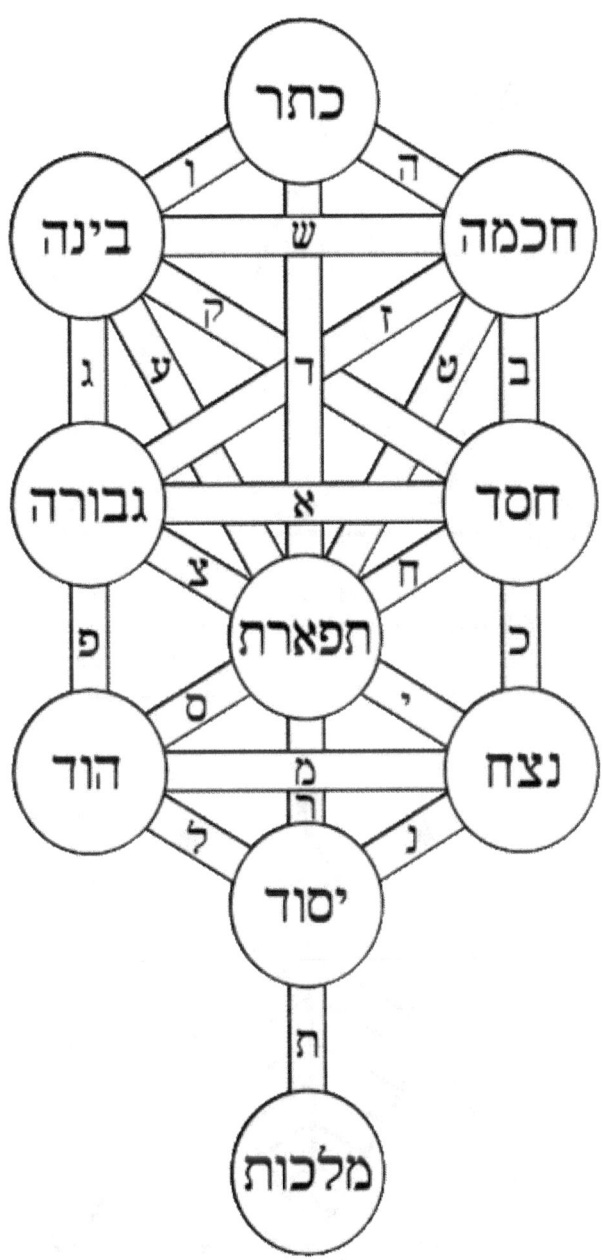

El Árbol de la Vida
https://commons.wikimedia.org/wiki/File:Tree_of_life_bahir_Hebrew.svg

14. *Merkabah*

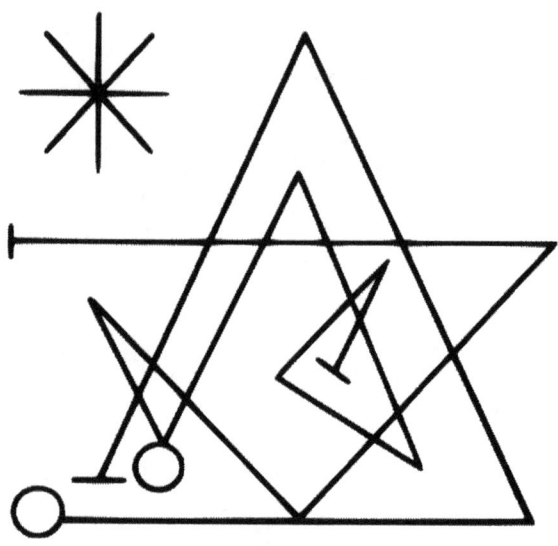

Merkabah
*Joshua Free (creador del concepto), Ony Yahontov (creador del archivo)., CC BY-SA 3.0
https://creativecommons.org/licenses/by-sa/3.0, vía Wikimedia Commons:
https://commons.wikimedia.org/wiki/File:Zuist_merkabah.svg*

15. Los *veves*

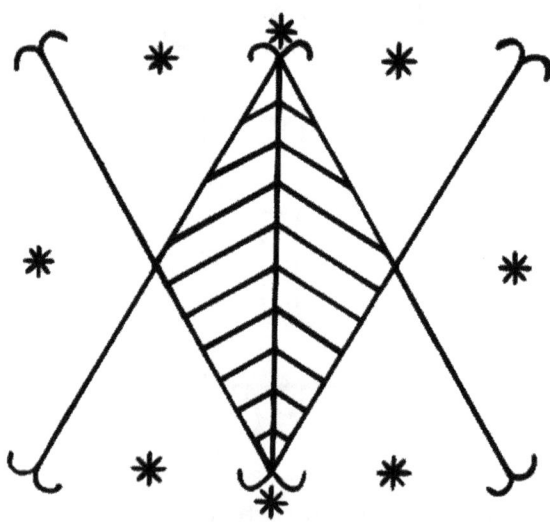

Los veves
https://commons.wikimedia.org/wiki/File:VeveAyizan.svg

16. Yggdrasil

Yggdrasil

FrostZERO, CC BY-SA 3.0 http://creativecommons.org/licenses/by-sa/3.0/, vía Wikimedia Commons: https://commons.wikimedia.org/wiki/File:DesenhodabandaYggDrasil.jpg

17. El *Triskele*

El Triskele
https://commons.wikimedia.org/wiki/File:Triskele-Symbol1.svg

18. Mjolnir

Mjolnir
https://commons.wikimedia.org/wiki/File:Mjollnir.png

19. Vegvisir

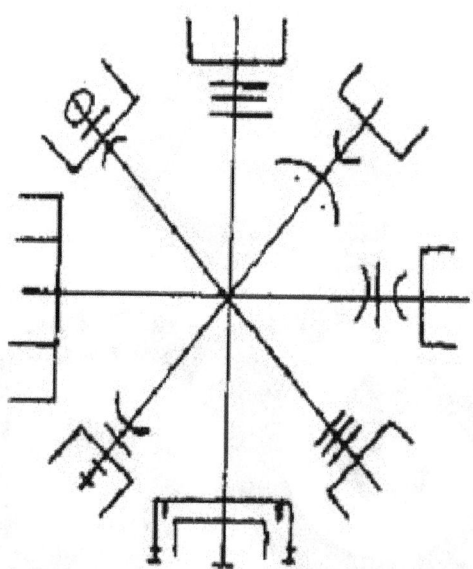

Vegvisir
Jara Lisa, CC BY-SA 4.0 https://creativecommons.org/licenses/by-sa/4.0, vía Wikimedia Commons
https://commons.wikimedia.org/wiki/File:Vegvisir_de_Steven_Flowers.png

20. Valknut

Valknut
https://commons.wikimedia.org/wiki/File:9crossings-knot-symmetric-triangles-quasi-valknut.svg

El significado de los símbolos

Ahora que ha tenido la oportunidad de observar los símbolos sin una noción preconcebida, puede profundizar en sus propósitos y aplicaciones. Aquí tiene un poco de información sobre ellos y sus usos en las respectivas tradiciones.

1. El nudo celta

El nudo celta es probablemente uno de los símbolos paganos más reconocibles. Típicamente presentado como una serie de nudos que forman un patrón único, el símbolo se utiliza a menudo en la magia celta y las prácticas druídicas. El nudo celta puede encontrarse en manuscritos religiosos y en la arquitectura, representando el poder ilimitado de lo divino. En las prácticas de magia celta, simboliza el ciclo de la vida, el nacimiento, la muerte y el renacimiento, presentes tanto en la naturaleza como en la vida humana. Puede incorporarlo en diferentes tradiciones diseñadas para invocar el poder infinito de la naturaleza, hechizos y rituales de rejuvenecimiento, ritos de fertilidad y mucho más.

2. La cruz celta

Después del nudo celta, la cruz celta es el segundo símbolo más famoso utilizado en las prácticas mágicas paganas tradicionales. También se puede encontrar en la arquitectura y monumentos tallados en piedra. En ocasiones aparecen como monolitos de piedra independientes hechos de madera o metal y con forma de cruz. En la magia celta, el símbolo tiene varias interpretaciones. Según una de ellas, los cuatro brazos de la cruz representan los cuatro elementos naturales: agua, fuego, tierra y aire. Otra fuente muestra el símbolo como la ilustración de los cuatro puntos cardinales, este, oeste, norte y sur. Además de estas representaciones, puede utilizar la cruz celta en sus prácticas para representar las cuatro estaciones, las cuatro etapas del día o cualquier cosa con cuatro aspectos.

3. La triquetra

La triquetra es otro símbolo pagano utilizado en las tradiciones mágicas celtas. Puede ser representada de varias maneras, usualmente en forma de tres figuras entrelazadas, como *vesica piscis* o arcos. El símbolo se encuentra a menudo en el arte celta, a veces con un círculo a su alrededor. El significado de los tres arcos varía en función de la interpretación que se quiera seguir. Por ejemplo, se puede utilizar para representar y honrar a la Diosa Triple. También puede emplearse para invocar el poder de los tres reinos del mundo: cielo, mar y tierra.

4. El símbolo quíntuple

El símbolo quíntuple también tiene orígenes paganos celtas, pero se encuentra a menudo en la magia escocesa. Según las antiguas tradiciones escocesas, el símbolo representa diferentes aspectos que contribuyen al equilibrio de la vida humana. En las prácticas contemporáneas, se utiliza a menudo para ilustrar los cuatro elementos, fuego, agua, aire y tierra, unidos por un quinto elemento, el universo mismo. También se puede utilizar para representar los cuatro elementos y el espíritu o los cinco pilares del universo, tierra, aire, sol, fuego y agua.

5. La espiral

De forma similar al anterior, la espiral simple se encuentra en la magia escocesa y también era una parte fundamental de la antigua cultura pagana celta. Ilustrada físicamente como una forma plegada sobre sí misma, la espiral representa la energía infinita. Sus ondas irradian hacia el exterior, dando vida a varias esencias diferentes. Según una interpretación, el símbolo muestra la vida de una persona y la sabiduría que ha acumulado desde su nacimiento hasta su muerte. También se puede utilizar para tomar conciencia del presente y del entorno, para perseverar ante los retos o para reunir conocimientos espirituales.

6. Ankh

El *Ankh* es un elemento crucial en varias prácticas espirituales africanas. Se cree que representa la inmortalidad y a la madre divina, Isis. En la actualidad, el símbolo se utiliza como la representación de la vida o la clave para obtener la vida inmortal. Se incorpora a prácticas espirituales diseñadas para elevar el nivel de conciencia, ayudando a alcanzar un plano superior y a iluminar con sabiduría infinita.

7. Sol alado

El símbolo del disco solar alado también se utiliza en la espiritualidad africana como representación del dios sol, o del sol mismo, dependiendo de la interpretación. Si lo usa para honrar al dios sol, está representando al creador del universo. En cambio, si quiere mostrar el cuerpo celeste, está celebrando la vida misma. Porque sin el sol, no habría vida en la Tierra. También se puede usar para buscar la elevación espiritual.

8. Adinkra

El *adinkra* es un símbolo parecido al dibujo de un helecho. Se utiliza en las culturas africanas. Se suele imprimir o pintar en ropa, amuletos y joyas, y a menudo se considera una demostración de poder espiritual. Llevar este símbolo sugiere a la gente que tiene el control de su destino y que no dejará que nadie influya en su vida con sus vibraciones negativas. El símbolo también significa que tiene planes, que le encanta trabajar con la gente y que hará todo lo posible para lograr sus objetivos.

9. La serpiente

La serpiente es uno de los símbolos más antiguos y se utiliza en diferentes tradiciones. Sin embargo, su uso más notable es en la brujería y el curanderismo, donde se integra en hechizos y rituales transformadores y curativos. Suele colocarse en el altar, en el centro de un círculo protector o en cualquier otra superficie sagrada que se utilice para realizar el acto mágico. Como ser poderoso, la serpiente ayuda a transformar la vida, a pasar por un renacimiento físico, mental y espiritual, y a atraer la fertilidad en cualquier área.

10. El yelmo del Awe

También conocido como *Aegishjalmur*, el Yelmo del Awe es un antiguo símbolo nórdico utilizado principalmente por los guerreros, que se lo pintaban en la frente antes de ir a la batalla. Si se observa más de cerca, el símbolo es la combinación de Isa y Algiz, dos runas del *Futhark* Antiguo. Isa simboliza la autoconservación, la concentración y el desafío, mientras que Algiz inspira victoria y protección. En las prácticas contemporáneas, este efecto combinado se utiliza para dar poder cuando se afronta una enfermedad, una lesión o una situación estresante. También ayuda a alejar las malas intenciones, del mismo modo que funcionaba para inducir el miedo en los enemigos de las tribus vikingas. El símbolo tiene forma de círculo, que representa la protección. Las ocho ramas ayudan a alejar las malas intenciones, vengan de donde vengan. Ayuda a superar cualquier reto y a ser más consciente del propio poder.

11. El *hamsa*

La palabra «hamsa» significa «cinco» en árabe, indicando los cinco dedos de la mano. El *hamsa* es el símbolo de protección en la magia judía y, según la Cábala, se utilizaba para invocar el poder divino, representado por la mano de Dios. Hoy en día, se sigue utilizando con fines similares, incluso en oraciones y rituales cabalísticos con distintos propósitos. Se cree que protege contra el mal de ojo (si ese símbolo se utiliza con malas intenciones) o el mal en general. Úselo en el ámbito de los hechizos y rituales cuando necesite una capa adicional de protección o cuando su energía esté desequilibrada y quiera atraer la paz de nuevo a su vida.

12. El mal de ojo

Como se mencionó anteriormente, las personas envidiosas pueden utilizar el mal de ojo para provocar daño. Sin embargo, también puede ser útil para alejar este tipo de energía. Si hay alguien en su vida que ve su éxito y se pregunta qué ha hecho para merecerlo, este símbolo le ayudará a alejar sus celos. Se recomienda llevarlo como talismán siempre que interactúe con esta persona; pronto cesará su comportamiento. Para mayor poder, asegúrese de imbuir el amuleto con la intención de mantener a raya a esa persona. También puede combinarlo con otros elementos protectores incorporados en las tradiciones mágicas populares judías, como llevar el amuleto en una pulsera de cordón rojo.

13. El Árbol de la Vida

Aunque el árbol de la Vida está presente en varias tradiciones, en el misticismo judío tiene un significado único y poderoso. En la Cábala, se representa como un árbol con diez ramas, también conocidas como las diez *sefirot*. Las diez *sefirot* ilustran las distintas esencias divinas, la única forma de Dios que la gente puede percibir y con la que puede interactuar. El símbolo se utiliza para invocar cualquiera de estas emanaciones divinas a través de sus regentes, los arcángeles. Dependiendo de qué energía necesite en su práctica, invocará al arcángel que permite su distribución por el universo desde su respectivo dominio.

14. Merkabah

Una merkabah es un símbolo que refleja la obtención de un nivel superior de comprensión del mundo tal y como lo conocemos. La antigua traducción hebrea se refiere a comparar el cuerpo con un carro con el que uno se eleva a los cielos. Aunque el símbolo y la noción tienen su origen en antiguos textos hebreos, se ha observado en varios otros, incluida la Biblia. El símbolo habla de reunir las dimensiones superior e inferior; básicamente, lo divino y la carne. En la geometría sagrada, este símbolo representa el equilibrio perfecto entre el espíritu y el cuerpo.

15. Los veves

Un *veve* es la representación de una fuerza energética en las prácticas espirituales africanas. Se trata de espíritus asociados a elementos de la naturaleza, sus distintas fuerzas, valores y emociones. Los *veves* son dibujos, hechos inicialmente con harina u otra sustancia polvorosa, que permitían a la gente invitar la energía de los espíritus a una zona determinada. También puede dibujar o imprimir los *veves* en papel o en cualquier otra superficie y utilizarlos para atraer a una entidad concreta. Centrarse en ella le ayudará a conseguir que se revele ante usted.

16. Yggdrasil

El Yggdrasil, también llamado el Árbol de la Vida nórdico, es algo diferente de su homólogo judío. No solo tiene nueve ramas (que representan los nueve reinos de la mitología nórdica), sino que tiene varios cuentos y usos relacionados. Según una de esas leyendas, Yggdrasil surgió del pozo de Urd, la fuente universal de la vida. También se cree que las deidades nórdicas comían sus frutos para ser inmortales. Puede utilizar Yggdrasil en rituales y hechizos en los que quiera establecer una conexión con la naturaleza y el universo o revelar partes de su futuro. Cuando se usa en meditación, también ayuda a equilibrar las energías.

17. El *Triskele*

El *Triskele*, o el cuerno de Odín, como se denomina en las tradiciones nórdicas, es un símbolo pagano de origen celta. Se relaciona con Odín y su infinito poder y sabiduría. Sosténgalo sobre su bebida o comida y concéntrese en infundirle su poder. Cuando consuma un poco, potenciará su propia magia. También puede ayudarle a mejorar sus habilidades comunicativas y a establecer nuevas conexiones en cualquier ámbito de su vida.

18. Mjolnir

Aunque la mayoría de la gente está familiarizada con Mjolnir por ser el martillo de Thor, muy pocos son conscientes del significado mágico de esta herramienta. En la antigüedad, los nórdicos atribuían a la iluminación el uso de Mjolnir contra los gigantes, sus temidos enemigos. Por eso, el martillo de Thor se ha convertido en un símbolo de protección, ya que también se utiliza en las prácticas mágicas nórdicas modernas. Salvaguarda de intenciones maliciosas durante el trabajo mágico cuando se incorpora a rituales de protección y hechizos antes de empezar a trabajar. Llévelo como talismán, amuleto o collar, y también le protegerá en su día a día.

19. Vegvisir

Vegvisir es un símbolo nórdico con ocho ramas sostenidas por un pilar central. Hay varias interpretaciones sobre el significado de las ramas. Según una de ellas, representan las direcciones expandidas, sur, suroeste, sureste, norte, noroeste, noreste, oeste y este. Según otra, representan ocho de los nueve mundos de la mitología nórdica, y el centro es el noveno mundo. En la actualidad, los practicantes utilizan este símbolo para orientarse cuando no están seguros de si van en la dirección correcta o se han perdido por completo. También puede llevarlo como talismán, y le protegerá igual que protegía a los barcos vikingos durante las tormentas. También puede guiarle en situaciones difíciles o cuando sienta que ha perdido parte de usted mismo debido a un trauma emocional. Aumenta la confianza en la propia capacidad de perseverar contra viento y marea, permitiendo alcanzar cualquier objetivo. Otra forma de incorporar el símbolo a su práctica es potenciarlo con magia y regalárselo a alguien como amuleto de buena suerte para atraer el amor y la prosperidad.

20. Valknut

Valknut, o el nudo de Odín, como se le llama en la mitología nórdica, es el símbolo definitivo de la muerte. Se utilizaba para honrar a los guerreros caídos y ayudarles a cruzar al Valhalla, Hel y otros reinos de ultratumba. Según otra interpretación, el Valknut protege a las almas que fallecieron. Si lo lleva como talismán, también puede utilizarlo para atraer el poder de Odín y mejorar su comunicación espiritual. Le protegerá a usted y al espíritu amigo con el que intenta contactar a través de los reinos de los espíritus maliciosos.

Infundir magia a los símbolos

Una vez que haya encontrado el símbolo o los símbolos que desea utilizar en su práctica, debe prepararlos y prepararse para su uso. El primer paso en este proceso es limpiar su mente y su cuerpo. Esto asegura que su poder permanezca puro, y no tendrá ninguna vibración negativa que afecte a la magia de los símbolos. Puede hacerlo tomando un baño de limpieza, realizando ejercicios de respiración, poniendo un sahumerio alrededor de su cuerpo o a través de cualquier otro ritual de purificación de su elección. También se puede utilizar para erradicar influencias negativas de la habitación o espacio en el que vaya a utilizar o colocar sus herramientas mágicas. El sahumerio es un proceso sencillo que consiste en prender fuego a un pequeño manojo de hierbas secas y dejar que su humo impregne y limpie todos los rincones del espacio. Al hacerlo, muévase para asegurarse de que no queda energía negativa y pase varias veces por encima de los símbolos.

Una vez que se haya asegurado de que los símbolos están listos para recibir energía positiva, puede concentrarse en esta tarea. Sea lo más claro y conciso posible cuando formule una intención. Esto facilitará el proceso. Por ejemplo, si quiere que un símbolo le sirva de protección, tendrá que expresarlo. Tendrá que decir que necesita que el símbolo sea portador de magia protectora. Si necesita curación, un amuleto de buena suerte, atraer el amor o prosperidad financiera, entonces pídalo. Dependiendo de su propósito y experiencia, puede que necesite más tiempo para infundir a los símbolos la magia que desea. Hay varias formas de hacerlo y la elección depende a menudo de su intención y de sus preferencias personales. He aquí algunas técnicas para imbuir de magia a los símbolos:

- **Meditación:** Este método solo requiere unos minutos al día y le permite sumergirse en sus pensamientos mientras mantiene el símbolo o amuleto en sus manos. Respire hondo y concéntrese en enviar su energía hacia el signo. Esto también ayuda a despertar la magia propia de él. Puede cerrar los ojos y visualizar los símbolos frente a usted, o mantenerlos abiertos y mirar los símbolos hasta que estén listos para usar.
- **Viajar:** Al igual que la meditación, el viaje requiere una concentración profunda que ayuda a centrar los pensamientos en el símbolo y en la intención. Durante el viaje, también puede pedir a un guía espiritual que le ayude a potenciar el signo que tiene en las manos.

- **Oraciones y ofrendas:** Si está trabajando con un ser espiritual superior o su símbolo está asociado con alguno, puede pedirle que le dé la capacidad de infundir a la herramienta mágica su intención y su magia, y tal vez también la magia de ese ser. Las oraciones y las ofrendas son excelentes formas de expresar gratitud por cualquier ayuda que reciba de los símbolos.
- **Sueños:** Mantener símbolos cerca de su cuerpo mientras duerme es una antigua tradición que implica la activación de herramientas mágicas. Puede dibujar o imprimir símbolos en papel y colocarlos bajo la almohada. O puede poner la herramienta o el amuleto en su mesa de noche, mirarlo antes de irse a dormir, repetir su intención mentalmente y acostarse.
- **Utilizar los cuerpos celestes:** Muchas culturas utilizan el poder del sol y la luna para enriquecer y activar herramientas mágicas. Esto suele combinarse con otras técnicas de potenciación de intenciones y activación de encantos. Por ejemplo, puede colocar los símbolos bajo la luz de la luna en luna llena y meditar sobre su intención sentándose cerca y contemplando la luna.
- **Utilizar los elementos:** Los elementos naturales y celestiales también pueden utilizarse para infundir intenciones positivas y magia a herramientas mágicas como los símbolos. Para ello, necesitará un altar o cualquier otro espacio sagrado donde pueda colocar el signo y las representaciones de los elementos a su alrededor. Pida a los elementos que le ayuden a consagrar los símbolos y le permitan canalizar su intención hacia ellos.
- **Úselos:** Es beneficioso que algunos símbolos permanezcan cerca de su cuerpo. Así se asegura de que su intención queda grabada en ellos. También sirve para infundir magia personal. Hay símbolos que puede llevar encima o cerca de su cuerpo incluso después de haberles infundido magia, sobre todo si el hechizo o ritual en el que los utilizó así lo requiere. También puede dibujar un símbolo en un trozo de papel y guardarlo en su bolsillo o bolso durante el tiempo necesario.

El tiempo necesario para preparar los símbolos depende de varios factores. Puede que necesite más tiempo para asegurarse de que un símbolo está listo para su uso antes de adentrarse en cualquier práctica mágica. Compruébelo sintiendo su energía. Si está alineada con la suya y puede sentir su magia, está listo. Si no, tendrá que esforzarse más para infundirlo con su magia. Tendrá que desear de verdad que le lleve a sus objetivos, así que concéntrese en la tarea y confíe en su intuición. Ella le mostrará el camino, como ninguna otra guía lo hará jamás.

Capítulo 10: Su libro de hechizos de magia popular

Los rituales y el trabajo con hechizos pueden parecer complicados al principio, y sentirse perdido durante un tiempo es completamente normal si acaba de empezar este viaje. El trabajo con hechizos es, en términos generales, la técnica de usar ciertas palabras y gestos en combinación con hierbas, velas u otros amuletos y símbolos. Los hechizos siempre han sido una parte importante de las culturas y religiones mágicas populares. Son la base de la magia popular, ya que ayudan a extraer energía de un plano de existencia diferente. Esta energía se imbuye en este mundo mediante palabras sagradas, gestos y otras prácticas.

El trabajo con hechizos siempre ha sido una parte importante de las culturas y religiones mágicas populares

https://www.pexels.com/photo/a-spell-book-and-gem-stone-on-the-window-seal-6806397/

El trabajo con hechizos se parece mucho al ejercicio físico. Así como la constancia y la práctica ayudan a fortalecer los músculos, lo mismo ocurre con el trabajo de hechizos. Cuando se repite y se practica un hechizo consistentemente, se adquiere la capacidad de manifestar los propios deseos. A medida que se practiquen varios hechizos, se trabaja con la intuición y, muy pronto, se domina el arte del trabajo con hechizos. A menudo, puede que no obtenga los resultados que desea de los rituales y hechizos, pero no deje que esto le desanime. Solo porque un hechizo funcione para una persona no significa que funcionará para otra.

La exactitud y el flujo de su trabajo de hechizos mejoran con tiempo y práctica, pero es importante empezar por el principio. Este capítulo es una guía para principiantes en el trabajo de hechizos y rituales de las formas que se practican en varias culturas de magia popular.

Magia celta *wiccana*

Honrar a un ser querido fallecido

Intención: Honrar a un ser querido fallecido y lidiar con el dolor. Este ritual ayuda a sobrellevar una pérdida.

Cosas que necesita:

- Una foto de su ser querido fallecido. Asegúrese de que es una foto de repuesto o una copia que no echará de menos.
- Un recuerdo de su ser querido, como un collar, un anillo o alguna otra pieza asociada a él.
- Su bebida preferida; café, té o cualquier otra cosa.
- Una vela blanca, fina y de tamaño mediano.
- Un encendedor o cerillas.
- Un marcador o bolígrafo.

Método

1. Elija un día para el ritual. Debe ser un día que asocie con su ser querido, como el aniversario de su muerte o su cumpleaños.
2. Siéntese en un lugar cómodo junto con los materiales que ha reunido para este ritual.
3. Encienda la vela, sírvase su bebida favorita y relájese. Borre todos los pensamientos de su mente. Piense solo en la persona que ha perdido y permítase sentir el dolor.

4. Tome un sorbo de su bebida y empiece a escribir una carta personal a su ser querido fallecido en el reverso de su foto. Escriba todo lo que quiera decirle y despídase de él.
5. Al final de la carta, escriba: «La persona de este hechizo se ha ido, pero nunca se olvidará».
6. Cuando termine con la carta, léala en voz alta para hacérsela llegar al espíritu de su ser querido.
7. Termine su bebida mientras deja que la vela se consuma y, a continuación, doble la imagen tantas veces como pueda.
8. Guarde la foto en un lugar seguro y cuando visite la tumba de su ser querido, entiérrela cerca de su lápida junto con los recuerdos.

Hechizo de purificación

Intención: eliminar un sentimiento, entidad, situación o persona negativa de su vida.

Cosas que necesita:
- Sal marina.
- Un Encendedor o cerillas.
- Comino.
- Una cinta de color negro.
- Un bolígrafo y papel.
- Un tarro de cristal.
- Un plato pequeño.
- Una ofrenda u objeto asociado con la persona o situación que intenta eliminar.

Método

1. Agarre un tarro pequeño y coloque comino en su interior hasta que esté medio lleno.
2. A continuación, tome una cucharada de sal marina y póngala sobre el comino.
3. Coja un trozo de papel y escriba el nombre, el sentimiento o la situación que le preocupa. Ponga este papel en un plato no inflamable y enciéndalo.
4. Una vez que el papel se haya quemado por completo, saque las cenizas del plato y póngalas sobre la sal marina, dentro del tarro de cristal.

5. Cierre el tarro tan fuerte como pueda y cada noche antes de acostarse, agítelo tantas veces como quiera. Mientras lo hace, imagine que la situación o la persona se alejan de su vida. Repita esto hasta la próxima luna llena.
6. Una vez que llegue la luna llena, ate la cinta negra alrededor del frasco de cristal y vaya a un río, playa o lago.
7. Arroje o coloque el frasco de cristal en el agua junto con la ofrenda que haya seleccionado y observe cómo se aleja. Aléjese del lugar sin mirar atrás.

Hechizo de recuperación

Intención: Ayudarse a sí mismo a superar cualquier problema y recuperar su autoestima. Este hechizo es ideal para sanar de eventos traumáticos.

Cosas que necesita:
- Tomillo.
- Menta.
- Sal marina o sal rosa del Himalaya.
- Cuarzo rosa.
- Un lirio.
- Una rosa.
- Hojas de laurel.
- Aceite de oliva.
- Canela.
- Una pequeña jarra o botella con tapa.
- Una olla.
- Un poco de agua.

Método
1. Llene la olla con agua y póngala al fuego para que se caliente.
2. Una vez que el agua haya hervido, añada los pétalos de rosa y de lirio. A continuación, añada una pizca de sal del Himalaya y un poco de aceite. Siga mezclando a medida que añade los ingredientes.
3. Por último, añada el tomillo, la menta y la canela a la olla y remueva lentamente. Mientras remueve, diga las palabras:

4. «Me perdono y me quiero a pesar de todo lo que me ha pasado. Acepto el sufrimiento y dejo que avance conmigo. Mi pasado no me define, ni tampoco mi dolor o mi desgracia. Me acepto tal y como soy y dejo que mi luz interior brille».
5. Repita estas palabras tres veces mientras remueve lentamente la poción y viértala en el frasco cuando esté hecha.
6. Más tarde ese mismo día, tome la poción y añádala a su ducha o baño mientras sostiene el cuarzo rosa. Esto asegura que toda su energía negativa sea succionada y reemplazada por una limpia y positiva.
7. Lleve el frasco con usted y úselo siempre que necesite recuperarse o curarse de algo.

Espiritualidad africana

Gris Gris

Intención: Las bolsas gris gris se utilizan para atraer la prosperidad y la fortuna. Estas bolsas de hechizos se consideran los amuletos más poderosos de la magia vudú. Ayudan en todos los asuntos de la vida si se cargan con la intención correcta, dando poder a quien los porta. Muchos lo consideran una oración en una bolsa.

Cosas que necesita:
- Un trozo de tela.
- Una cuerda o goma elástica.
- Algunas hierbas sagradas de su elección (albahaca, lavanda, diente de león, hiedra, caléndula, o cualquier otra hierba mencionada en los capítulos anteriores).
- Algunos cristales (cuarzo, turmalina, esmeralda, selenita, malaquita o cualquier otro cristal de su elección).
- Conchas o piedras únicas.
- Talismanes o amuletos de su elección.
- Una vela pequeña.

Método
1. Reúna todos los materiales y siéntese en un espacio cómodo para hacer su bolsa gris gris.
2. Encienda la vela y extienda el trozo de tela en el suelo o sobre una mesa.

3. Coloque cada objeto que haya seleccionado sobre la tela, de uno en uno.
4. Cuando coloque cada objeto sobre la tela, fije su intención en ese amuleto y luego colóquelo dentro de la bolsa. Por ejemplo, puede establecer la intención de atraer el amor, la prosperidad, el éxito o cualquier cosa que desee.
5. Junte las cuatro esquinas de la tela por la parte superior, de modo que forme una pequeña bolsa, y átela con un cordel largo.

Magia de encrucijada

Intención: La magia de encrucijada es una de las fuentes más poderosas de práctica sagrada en las culturas mágicas hoodoo y Vudú. Las encrucijadas se encuentran donde se cruzan dos caminos. Según el folclore, la encrucijada del conjuro es donde se conectan el mundo real y el mundo espiritual. Por lo tanto, las encrucijadas de cualquier tipo tienen un valor especial en las antiguas prácticas mágicas. Uno de estos hechizos asegura de eliminar todos los bloqueos de su camino.

Cosas que necesita:
- Veintiuna monedas.
- Tres velas rojas.
- Encendedor o cerillas.

Método
1. Busque una encrucijada que crea que retrata mejor la situación de su vida que le preocupa.
2. Sitúese en el centro de la encrucijada y establezca la intención del ritual. Visualice las dificultades a las que se enfrenta y tenga en cuenta todos los obstáculos que hay en su camino.
3. Coloque las monedas en la encrucijada junto con las tres velas rojas.
4. Encienda las velas y espere a que se consuman mientras recita algunos conjuros.
5. Mientras las velas se consumen, visualice que todos los obstáculos y problemas se borran de su camino o de su «encrucijada».

Brujería y curanderismo

Los Siete Nudos

Intención: Realice este ritual único para eliminar siete problemas en su vida. Le ayudará a resolver o eliminar estos problemas.

Cosas que necesita:
- Una cinta roja (2 pies).
- Una vela.
- Un tarro pequeño.

Método

1. Siéntese en una posición cómoda donde no le molesten durante el ritual.
2. Tome la cinta en sus manos y visualice siete problemas de su vida que necesita resolver.
3. Piense en cada problema individualmente y, mientras lo hace, haga un nudo en la cinta.
4. El primer nudo debe estar justo en el medio de la cinta.
5. El segundo y el tercer nudo deben estar a unos diez centímetros a la izquierda y a la derecha del primer nudo, respectivamente.
6. El cuarto y quinto nudo deben estar a diez centímetros del segundo y tercer nudo.
7. El sexto nudo debe estar en el lado izquierdo de la cinta, hacia el final. Por último, el séptimo nudo debe conectar un extremo de la cinta con el otro, uniendo los problemas que le preocupan.
8. Coloque la cinta en el tarro y ciérrelo. Entierre el frasco lejos de donde vive para asegurarse de que no sea desenterrado. Además, asegúrese de hacer este ritual a solas, de lo contrario el hechizo no será tan efectivo.

Agua Bendita

Intención: El agua bendita es un producto polivalente, curativo, recuperador y protector, y es la mejor manera de limpiar su alma. La calidad del agua bendita depende de cómo se lleve a cabo el ritual.

Cosas que necesita:
- Una vara de palo santo.
- Un lingote de plata.

- Un recipiente de cobre.

Método

1. Coloque el recipiente de cobre donde pueda recoger suficiente agua de lluvia y preparar el agua bendita. Asegúrese de recoger agua de lluvia clara y pura y no agua de desagüe.
2. Coloque los lingotes de plata y el palo santo en el agua y deje que impregnen el agua.
3. Una vez que sienta que el agua se ha impregnado, expóngala a la luz solar directa, donde recogerá la energía del sol.
4. Por último, vierta el agua bendita en una botella de cristal y úsela para ungir o rociar al paciente durante el tratamiento.

Hechizos nórdicos

Magia curativa

Intención: Curar cualquier sufrimiento, enfermedad o dolencia sufrida. Este hechizo ayuda a curar cualquier enfermedad o herida.

Cosas que necesita:

- Un caldero sagrado.
- Bayas de fresno de montaña.
- Verbena.
- Matricaria.
- Velas y cerillas.
- Un papel y un lápiz.

Método

1. Este ritual se realiza mejor durante la fase de luna menguante. Para comenzar, encienda la vela y coloque las ofrendas en una bandeja. Estas deben incluir las hierbas mencionadas o cualquier hierba alternativa.
2. En el trozo de papel, dibuje un boceto de la persona enferma o herida. No es necesario que el dibujo sea perfecto, basta con una figura de palitos. No olvide escribir su nombre en la parte inferior del pergamino.
3. Ahora, golpee el caldero con la varita y repita el siguiente conjuro:
4. «Oh, gran caldero de renacimiento y renovación, escucha mi llamado y cura a (nombre) de toda enfermedad. Reconstruye su

cuerpo, espíritu y mente».

5. A continuación, golpee tres veces el trozo de papel con su varita y préndale fuego con la vela. Deje caer este papel en el caldero y deje que arda. Mientras arde, diga esto:

6. «Toda enfermedad se convierte en cenizas; todo lo que estaba mal ahora está bien; mis palabras han llegado a Asgard; la curación llegará esta noche».

7. Una vez que el papel se convierta en cenizas, añada las ofrendas de hierbas al caldero y deje que se enfríe.

8. Finalmente, tome las cenizas y las hierbas y entiérrelas para eliminar la enfermedad.

Hechizo de amor

Intención: Traer el amor que desea, ya sea romántico o de otro tipo. Este hechizo de amor es increíblemente potente y eficaz.

Cosas que necesita:
- Un caldero sagrado.
- Una vela rosa.
- Un portavelas.
- Una rosa roja.
- Un jarrón.
- Aceite de flor de rosa.
- Una campana.

Método

1. El altar para este hechizo debe prepararse dos días antes de la luna llena. Coloque la vela rosa dentro del candelabro y póngala en el caldero. La rosa roja va en el jarrón, que se guardará junto al caldero.

2. En la noche de luna llena, comience el ritual agarrando el asa con ambas manos y vertiendo en ella sentimientos de amor. No encienda la vela antes de que aparezca la luna llena.

3. Utilice un cuchillo o una daga para tallar una runa de amor verdadero en la vela y colóquela dentro del caldero. Por último, encienda la vela y haga sonar la campana tres veces. Recite:

4. «A medida que la llama de esta vela se hace más brillante, Freyre, señor del amor, por favor tráeme el fuego siempre ardiente del

amor. Luego, mientras la llama se apaga, Freyre, dame un amor verdadero, de corazón a corazón».

5. Toque la campana tres veces más y permanezca en el altar hasta que la vela se haya consumido por completo.

El trabajo con hechizos es, sin duda, una parte delicada de la magia y debe realizarse con el máximo cuidado y concentración. Aunque lleva un tiempo perfeccionarlo, una vez que se familiarice con los procesos, empezará a ver resultados reales en su práctica. Sin embargo, asegúrese de no apresurar el proceso de aprendizaje de hechizos, rituales y magia con hierbas. Esto es algo que requiere tiempo, paciencia y, lo más importante, habilidad.

Conclusión

La magia popular ha formado parte de la cultura humana desde las primeras civilizaciones, pero no se consideraba una práctica aceptable hasta hace poco. Aunque mucha gente suele asociar la magia con la cultura *wicca* o pagana, su alcance es, en realidad, mucho mayor. Incluye el paganismo nórdico, la espiritualidad africana, la magia judía e innumerables culturas que la practican. Esperamos que la lectura de este libro le haya proporcionado una idea más clara de lo que es la magia popular y de cómo perdura. Para muchas personas, conocer estas prácticas significa un cambio de vida. Esto se debe a que finalmente pueden saber con qué cultura conectan más y comenzar su viaje por este camino.

Una vez que elija qué práctica de magia popular seguir, experimentará enormes cambios personales a medida que todo su sistema de creencias madura y evoluciona. Además, encontrará comunidades llenas de gente solidaria y alentadora que le ayudará a lo largo de su viaje. A veces, la multitud de ideas y conceptos puede abrumarle, así que asegúrese de no perder el rumbo. Para dominar cualquier materia, debe comprender los conceptos fundamentales, y las prácticas mágicas no son una excepción. Una vez que haya aprendido los fundamentos de una cultura mágica popular específica, nada podrá impedir que se convierta en un experto.

Le sugerimos que repase detalladamente los tres últimos capítulos para evitar cualquier error durante la práctica, sobre todo si es su primer intento. Las plantas y hierbas son sagradas en todas las culturas porque proporcionan numerosos beneficios y desempeñan un papel especial en los rituales mágicos. Aprender sobre estas hierbas es el primer paso para dominar el arte de los hechizos y rituales. Una vez que haya aprendido los signos, símbolos y amuletos asociados con cada cultura, estará en una posición mucho mejor para intentar hechizos y rituales más complejos. Asegúrese de seguir los hechizos proporcionados en el último capítulo con la mayor precisión posible. Alterarlos, incluso en el paso más pequeño, puede hacer que el hechizo sea poco potente o completamente inútil.

Una vez que haya adquirido un amplio conocimiento de estas culturas mágicas populares, puede aprender sobre las que más le interesen. A estas alturas, ya conoce su historia y sus fundamentos, pero aún le queda mucho por aprender. Así que, al iniciar este viaje de aprendizaje espiritual, no se reprima y busque toda la información necesaria. Sobre todo, empiece a practicar las tradiciones que le hablen, lo que le acercará un paso más al descubrimiento de su verdadero yo.

Por último, pero muy importante, recuerde que quienes practican la magia (de cualquier tipo) suelen formar comunidades muy unidas. Si alguna vez siente que no comprende un concepto concreto, o tiene dificultades para realizar un ritual o hechizo específico, no dude en acudir a quienes crea que pueden ofrecerle ayuda. Mientras tanto, tenga este libro a mano siempre que necesite repasar los fundamentos de la magia popular. Buena suerte.

Segunda Parte: Magia gitana

La guía definitiva de la brujería romaní, signos, símbolos, talismanes, amuletos, tarot, hechizos y más

Introducción

Los gitanos son famosos por sus poderes psíquicos e injustamente infames por razones equivocadas. Este libro se centra en las habilidades mágicas y psíquicas y de gran alcance que se han transmitido durante generaciones en el pueblo gitano. No habla de la forma injusta en que el mundo trata al pueblo gitano ni de aquellos que no entienden o no entendieron el poder de la magia e intentan encajar cuadrados y rectángulos en círculos y esferas.

El mundo gitano está lleno de alegría y felicidad, a pesar de las incesantes luchas de los gitanos por la dignidad y el respeto. El pueblo gitano se ha mantenido firme, ha luchado contra la opresión y la discriminación injusta y ha salido fortalecido, sin renunciar nunca a su cultura, aunque haya abrazado con alegría y humildad la cultura y la religión de los lugares a los que se trasladó y emigró.

Este libro le ofrece un estudio en profundidad del pueblo gitano, sus orígenes y sus migraciones a distintas geografías. Analiza cómo salvaron su cultura, su magia y sus poderes psíquicos. Da una visión asombrosa de los símbolos y signos que los gitanos podían leer y entender de un modo que los no gitanos nunca podrían.

Este libro trata de cómo los gitanos abrazaron el poder de la naturaleza y utilizaron lo que la madre tierra da en abundancia para curarse a sí mismos y a los necesitados. En sus viajes por el mundo, los gitanos aprendieron valiosas lecciones y trataron de compartirlas con los demás, aunque las utilizaran para su propio bien. Aprendieron y abrazaron la conexión entre la humanidad y la divinidad y aprovecharon la energía divina para mejorar sus vidas.

Siga leyendo para encontrar una guía detallada y completa sobre la magia gitana y cómo utilizarla para mejorar la calidad y el significado de su vida. Está repleta de toda la información que necesita para aprender y practicar la magia gitana. Así que, adelante, pase la página.

Capítulo 1: Fundamentos de la brujería gitana

Durante siglos, los gitanos han tenido un aura misteriosa y exótica, o al menos, así es como los ven los no gitanos. Han sido nómadas durante generaciones, viajando por todo el mundo y sin tener un lugar fijo al que llamar hogar. Sin embargo, tienen una identidad, una historia, un nombre propio y raíces antiguas.

Durante siglos, los gitanos han tenido un aura misteriosa y exótica
https://www.pexels.com/photo/a-fortune-telling-session-in-progress-6944915/

Hay un viejo dicho entre el pueblo romaní que dice así: «Ki shan i Romani/ Adoi san' i chov'hani», que se traduce como «Dondequiera que vayan los gitanos, allí van las brujas, lo sabemos». El pueblo romaní, comúnmente conocido como gitanos, era nómada o eterno errante. Sus prácticas y costumbres mágicas se basaban en gran medida en una tradición oral. Se cree que llegaron a ser conocidos como «gitanos» en Europa porque los europeos pensaban que procedían de Egipto.

Comprender al pueblo romaní

El pueblo romaní (también llamado gitano) era tan diverso como las geografías y poblaciones del mundo. También se les conocía por nombres acordes con su arraigada cultura. En España, se les llamaba gitanos. En Francia, se les llamaba «gitan». En Europa Central y Oriental, se les llamaba «tsingani». En las regiones escandinavas, se les llamaba con diferentes palabras según la lengua local, todas ellas traducidas como «viajero».

Curiosamente, el pueblo romaní se llamaba a sí mismo de distintas formas. En Inglaterra y Portugal, los romaníes se llamaban a sí mismos *kale*. En Francia, se hacían llamar *manush*, y en Europa occidental y Alemania, *sinti*. Independientemente de dónde vivieran, el pueblo romaní se denominaba colectivamente gitanos; un término utilizado para referirse a personas que emigraron por todo el mundo a lo largo de varios siglos. Los gitanos son aquellos que nunca tienen un hogar permanente. He aquí algunos datos curiosos e interesantes sobre el pueblo gitano.

Son originarios de la India. Basándose en análisis lingüísticos, los expertos creen que los romaníes se originaron en las llanuras del norte de la India. Muchas de las palabras de las lenguas que hablan son muy parecidas al hindi, una de las principales lenguas habladas en la India, especialmente en las zonas septentrionales de este país asiático.

Las pruebas genéticas también sugieren que los romaníes tienen sus raíces en la India. En un estudio de 2012 publicado en el *Journal of Cell Biology* se recogieron y analizaron personas de numerosas culturas romaníes de todo el mundo. Este estudio observó que el pueblo romaní probablemente emigró de la India hace unos 1.500 años. Se cree que los actuales romaníes europeos viajaron a través de los Balcanes hace más de 900 años.

En la India se les llamaba *doms*, que significa «hombres». Los *doms* se convirtieron en *roms* y luego en romaníes en toda Europa. Sin embargo, en el norte de África y Oriente Próximo se llaman a sí mismos *doms* o *domi*.

En el mundo hay unos doce millones de romaníes. Los expertos opinan que el pueblo romaní abandonó la India hace unos 1.500 años y viajó principalmente a Europa. Se cree que fueron a algunos países de Europa del Este, como Rumanía y Bulgaria. Alrededor del doce por ciento del pueblo romaní se encuentra hoy en estas regiones. Turquía, Eslovaquia, Rusia, Serbia, Hungría, Francia y España también tienen una gran población romaní.

Aunque los romaníes viven sobre todo en Europa, muchos han hecho de otros países su hogar.

- Alrededor de un millón de romaníes han hecho de Estados Unidos su hogar.
- En Brasil hay unos 800.000.
- Los romaníes también han hecho de muchos países de Oriente Medio su hogar, como Irán, Chipre, Líbano, Siria, Israel y Jordania.

La discriminación y la persecución han sido terribles para los romaníes en todas partes. Cuando emigraron por primera vez al continente, los europeos los esclavizaron.

Los romaníes fueron esclavizados hasta el siglo XIX. Durante toda la Edad Media, el pueblo romaní en Europa fue perseguido, castigado e incluso condenado a muerte por las razones más endebles, a menudo sin un simple juicio. Por ejemplo, en 1554 se aprobó en Inglaterra una ley que establecía que la pena por vivir como un gitano era la muerte.

Gracias a toda la discriminación, la persecución y el miedo, el pueblo gitano ha sido visto como extranjeros, ladrones y astutos que roban y se trasladan al siguiente lugar para seguir robando. Pero también se temía su poder mágico.

En Alemania, los gitanos eran encarcelados indiscriminadamente y obligados a realizar trabajos forzados. Tras repetidos ataques, muchos gitanos supervivientes formaron bandas violentas, al principio con la esperanza de protegerse a sí mismos, pero pronto la violencia se volvió contra todos.

En 1790, el rey de Prusia vio en los gitanos una oportunidad y la convirtió en una ventaja tanto para su reino como para los gitanos. Decretó que todos los gitanos debían alistarse en el ejército: Una sabia decisión que fue seguida por otros reinos europeos. Desde entonces, los gitanos han hecho el servicio militar para casi todas las naciones europeas.

Se han documentado innumerables informes de actos violentos contra ellos. Por ejemplo:

- Los niños gitanos eran secuestrados de sus hogares para esclavizarlos y prostituirlos.
- A las mujeres se les cortaban las orejas.
- Se utilizaban hierros candentes para marcar a los gitanos.
- Se prohibía a los gitanos seguir sus costumbres y rituales o hablar su lengua. Se les imponían conversiones culturales y religiosas.
- Se prohibieron los matrimonios mixtos dentro de la comunidad romaní.

La persecución de los gitanos alcanzó su punto álgido durante el régimen nazi. La BBC informó que fueron el primer objetivo de las atrocidades nazis, seguidos de cerca por los judíos y los homosexuales. Se calcula que unos dos millones de romaníes murieron en campos de concentración nazis. Fueron los conejillos de indias de todas las malvadas torturas nazis y otros experimentos de exterminio.

Aún hoy sufren discriminación y persecución y siguen luchando por sus derechos. Por ejemplo, algunos países no proporcionan viviendas a los romaníes, ni siquiera a los nacidos en esas naciones. Acaban viviendo en casas metálicas improvisadas sin acceso a agua ni saneamiento. Otros países no dudan en expulsar a los gitanos.

Sin embargo, en los últimos tiempos se han formado múltiples organizaciones romaníes para luchar por sus derechos y poner fin a la discriminación y la persecución. Además, muchas organizaciones han aportado recursos para el crecimiento y desarrollo del pueblo gitano, especialmente a través de la educación.

La rica cultura del pueblo gitano ha servido de inspiración a muchos músicos de todo el mundo, entre los que destaca Franz Liszt, el famoso compositor clásico. La música gitana ha inspirado muchos géneros musicales, como el bolero, el jazz, el flamenco, etc.

La música desempeñaba un papel importante en la vida del pueblo gitano. La razón de ello es bastante obvia, teniendo en cuenta que, al principio de su migración desde la India, las profesiones del pueblo gitano incluían la música y la danza, las actuaciones, etc.

La familia era primordial para el pueblo gitano. Las familias con códigos de vestimenta, ocupaciones e idioma similares solían agruparse en «tribus». Cada grupo tenía también su propia nacionalidad específica.

Teniendo en cuenta que eran originarios de la India, se creía que los romaníes eran originalmente hindúes. Sin embargo, asimilaron y adoptaron las religiones de las distintas tierras a medida que emigraban y viajaban por el mundo. En la actualidad, la mayoría sigue alguna forma de islamismo o cristianismo, pero conserva algunas de las costumbres y tradiciones romaníes originales.

El pueblo gitano en el mundo

En la India, los gitanos se consideraban personas de casta inferior que viajaban por el país como cantantes y músicos. Se cree que en el año 430 a. C., un rey indio regaló 12.000 personas de una tribu de casta baja a Bahram V, un rey persa. Estas personas hicieron de Persia su hogar durante un tiempo antes de trasladarse a otras partes de Oriente Próximo y Europa. Algunos pudieron escapar de la esclavitud, mientras que otros fueron secuestrados y capturados por los bizantinos y luego encontraron el camino hacia Siria y otros países de Oriente Próximo y Europa.

Los gitanos viajaban por todas partes, mucho más que cualquier otro grupo de personas. Su conocimiento del mundo y de lo que ocurría en él no tenía parangón. Por eso corrían rumores de que eran utilizados como espías, sobre todo durante las guerras.

Romaníes europeos

La mayoría de los gitanos de Alemania y los territorios ocupados por Alemania en la Europa de preguerra pertenecen a las tribus o grupos familiares romaníes y sinti. Hablan un dialecto basado en el sánscrito. Algunos siguen el islam, mientras que otros son cristianos.

En Europa, el término «romaní» incluye tanto a la tribu sinti como a la romaní. Algunos miembros de la tribu romaní prefieren que se les llame «gitanos». Curiosamente, en alemán, *Zigeuner,* que significa «intocable», es la palabra para gitano.

En la Europa de antes de la guerra, los gitanos trabajaban como artesanos. Eran herreros, fabricantes de herramientas, comerciantes de caballos, hojalateros, domadores de animales de circo, bailarines, etc. También había algunos comerciantes romaníes en la Alemania de preguerra. A principios del siglo XX, el estilo de vida nómada estaba en declive.

Antes de la Segunda Guerra Mundial, la población gitana en Europa superaba el millón de habitantes. La mayor parte de la población gitana se concentraba en los países de Europa del Este y sus alrededores, como la antigua Unión Soviética, Polonia, Rumanía, etc. Los países de Europa Occidental, como la antigua Yugoslavia, Bulgaria, Alemania y Hungría, también tenían una población gitana considerable. Muchos de los gitanos mencionados sufrieron horribles persecuciones durante el régimen nazi, y su población disminuyó considerablemente.

Doms egipcios

Como se mencionó al principio de este capítulo, la palabra gitano fue acuñada por los europeos cuando confundieron a los emigrantes que viajaban desde el norte de la India con los procedentes de Egipto. Sin embargo, también hay gitanos egipcios, más comúnmente llamados *doms*, a los que se atribuyen poderes psíquicos y mágicos.

En la actualidad, los gitanos de África oriental, incluidos Egipto, Israel, Turquía y Siria, se llaman *doms*. Al igual que los romaníes en Europa, los *doms* son marginados y perseguidos. Los *doms* no están reconocidos oficialmente en Egipto, gracias a una ley relacionada con el documento nacional de identidad del país. En Egipto sólo se reconocen tres religiones: islam, cristianismo y judaísmo. En Egipto no se expide documento nacional de identidad a quienes profesan cualquier otra religión o etnia. Por lo tanto, los beduinos, los nubios y, por supuesto, los *doms* no están reconocidos en Egipto y, por ello, no existe un registro oficial de su población y parámetros relacionados.

Los *doms* de Egipto se dividen en diferentes tribus, como los Halebi, los Ghagar y los Nawar. Lamentablemente, estas palabras son insultos en árabe. Se cree que Ghagar, que se traduce como «vagabundo», podría ser el grupo *dom* más numeroso. Según una investigación etnográfica realizada hace 50 años por el difunto Nabil Sobhi Hanna, los Ghagar vivían fuera de los pueblos, en los bordes, ya que no se les permitía la entrada al interior. Eran comerciantes de burros y caballos, animadores y herreros.

Más recientemente, han emigrado a El Cairo. Por desgracia, la mayoría recurre a la mendicidad cuando los ingresos de sus menguantes oficios no bastan para cubrir sus necesidades de supervivencia. Curiosamente, aunque los *doms* llevan ahora un estilo de vida sedentario, sus profesiones siguen reflejando su espíritu nómada. La mayoría de los *doms* ocupan casas alquiladas y se mudan con frecuencia. Aceptan trabajos de corta duración y viven al margen de las sociedades egipcias.

Doms en Oriente Próximo

En Oriente Próximo, los *doms* llevan un estilo de vida variado. Algunos siguen siendo nómadas, llevan una vida peripatética y son artistas, trabajadores del metal, músicos y trabajadores emigrantes. Trabajan a tiempo parcial en los campos, sobre todo durante las temporadas de cosecha, cuando se puede ver a muchos *doms* recogiendo los cultivos en el valle del Jordán. También trabajan en los campos de tabaco del norte de Jordania. Algunos *doms* de Oriente Medio se dedican al pastoreo. En Irak, los *doms* aún se desplazan en sus coloridas caravanas y se disfrazan de bailarines, adivinos, acróbatas, malabaristas y músicos.

Los gitanos y la música

Durante el siglo XIX, los gitanos fueron reconocidos por sus excelentes dotes musicales, especialmente en Rusia, Hungría y España. Los juglares gitanos formaban parte de la nobleza húngara. Tocaban para los invitados en banquetes, fiestas y otros actos de celebración organizados por los nobles húngaros. Casi todas las bandas húngaras de las familias reales contaban al menos con un virtuoso del violín romaní.

La vida social y familiar del pueblo gitano

Como ya se ha dicho, los romaníes apenas seguían las normas sociales de una sociedad organizada. Sin embargo, tenían sus propias reglas bajo el paraguas de un conjunto de normas sociales y comunales llamado *romano*, que regía cosas como la higiene y la limpieza dentro de los hogares y en la comunidad, el respeto a todos, el respeto a la justicia, etc. *Romano* significa actuar y comportarse de manera digna con todo el mundo.

Según las normas gitanas, se celebran matrimonios concertados en los que el padre del novio se acerca al padre de la novia para pedirle la mano para su hijo; el derecho a aceptar o rechazar recae en la joven pareja. El padre del novio tenía que pagar un precio por la novia, cuyo importe dependía de muchos factores, como el estatus de la familia, su historia, si la novia tenía potencial para ganar dinero, etc.

Tras el matrimonio, la novia se muda a la casa de su marido y vive con su familia política. Debe ocuparse de las tareas domésticas y velar por el bienestar de su marido y su familia. Muchas veces, las hijas se intercambian como novias. Así, la hija de una familia se convierte en nuera de otra, y la hija de la segunda en nuera de la primera.

La familia es la unidad más importante del pueblo romaní, ya que no tienen un país, reino o república a la que pertenecer. Normalmente, una familia está formada por el cabeza de familia, su esposa, sus hijos y nueras, los adultos solteros, los hijos y los nietos.

El pueblo gitano también sigue una jerarquía social más allá de la familia. Una decena o más de familias extensas, a veces, el número de familias puede llegar al centenar, agrupadas bajo un paraguas social y comunitario reciben el nombre de *kumpania*. Cada *kumpania* viaja en caravanas como un gran grupo. Dentro de cada banda se forman pequeños grupos llamados *vistas*, conectados por una ascendencia común.

He aquí otros datos interesantes sobre la estructura social del pueblo romaní:

- El jefe de una *kumpania* se llama *voivode*. Mantiene el cargo durante toda su vida. El siguiente *voivoda* es elegido al fallecer el anterior.

- Dentro de cada tribu existía un cargo llamado «*phuri dai*». Este cargo solía recaer en una mujer romaní sabia, anciana y experimentada. Se encargaba de velar por los asuntos de las mujeres y los niños de la *kumpania*.

- La ostentación de riqueza se consideraba una cuestión de orgullo entre el pueblo romaní y se consideraba honorable. Amaban la opulencia. Las mujeres lucían con orgullo tocados ornamentados y joyas de oro. Las monedas de oro y plata se utilizaban para decorar las casas.

- Compartir y ser generoso con la riqueza y los recursos se consideraba una cuestión de orgullo y honor, y se prodigaba comida y bebida a los invitados.

- La generosidad y el compartir se consideraban una inversión ética y moral a la que podían recurrir en los malos tiempos.

El pueblo gitano, la religión y la brujería

El pueblo romaní no tiene una única fe o religión a seguir. La mayoría de las veces, abrazan y adoptan la religión del país de acogida. Así, en Oriente Próximo, los *doms* son musulmanes devotos. Es habitual ver a *doms* realizar la peregrinación anual a La Meca.

En muchos países hay gitanos cristianos que siguen diversas sectas del cristianismo, como la anglicana, la pentecostal, la baptista y la católica. Sin embargo, para los *dom*, la religión es algo muy personal. No discuten ni hablan de su fe con la gente.

Son supersticiosos, lo llaman magia, y adoptan los elementos buenos de todas las religiones. Son profundamente espirituales y el espiritismo domina su forma de pensar y de entender el mundo y su funcionamiento. Temen las maldiciones y los espíritus malignos y, por eso, se complacen en ayudar a los demás a ahuyentar las entidades malignas y las maldiciones mediante la magia y la brujería.

Incluso hoy en día, el pueblo romaní teme al «mullo» o fantasma de una persona muerta. El miedo a ser embrujados es tan profundo que destruyen todo lo que perteneció a los muertos, incluidos sus carros, ropas, etc. Al destruir todos estos objetos, los fantasmas de los muertos no tendrán nada a qué volver y, por lo tanto, no regresarán para atormentar a los vivos. Los gitanos de Inglaterra incluso prendían fuego al carromato de la persona muerta.

El primer adagio mencionado en este capítulo se traduce como «Dondequiera que vayan los gitanos, allí van las brujas, lo sabemos». Durante generaciones, el pueblo gitano se ha ganado la vida adivinando el futuro. Curiosamente, las especias y sus olores desempeñan un papel importante en la brujería. Teniendo en cuenta que se cree que los gitanos son originarios de la India, no es de extrañar que las especias, también muy presentes en la India desde la antigüedad, desempeñen un papel tan importante en sus vidas y profesiones, una de las cuales es la brujería.

Las mujeres gitanas eran conocidas por ser excelentes lanzadoras de hechizos y practicantes de la brujería. Los ciudadanos asentados en los países a los que emigraban miraban a los gitanos con recelo, por considerar que eran vagabundos sin un lugar permanente al que llamar hogar. Curiosamente, el hecho de no tener un lugar permanente al que llamar hogar no hizo mella en su confianza y orgullo. Su principal objetivo es vivir la vida a su manera. No les gustan las normas sociales rígidas que no encajan con su cultura y sus creencias. Aunque quieren lo mejor para sus hijos, optan por no educarlos en un intento de hacerlos menos «modernos» y más apegados a su propia cultura.

Curiosamente, a pesar de todas las dificultades que enfrentan, los gitanos se aferran a su magia y brujería, ambas profundamente integradas a su cultura. Mientras que los escépticos y los cínicos de todo el mundo cuestionan el «poder y el sentido» de hacer magia, para los gitanos la práctica de la magia se considera útil y productiva. La magia que hacen y las gracias y ayuda que buscan de los espíritus pueden equipararse a cómo los no gitanos rezan a sus dioses, buscando algunas cosas como la recuperación de un amor u objeto perdido, protección contra el peligro, una pareja amorosa, etc.

Los gitanos se dividen en tribus, cada una con sus propios símbolos y talismanes. La mayoría de los gitanos tienen poderes básicos como el lanzamiento de hechizos, la elaboración de pociones, la mediumnidad, la capacidad de conectar y estar en comunión con el mundo de los espíritus, y la adivinación. La magia y los poderes psíquicos no tienen nada de particular. Todos nacemos con ellos. Sin embargo, el pueblo gitano es uno de los pocos que siguen creyendo en estos poderes inherentes y trabajan duro para cultivar sus talentos innatos y mejorar su oficio.

Los gitanos tenían creencias brujeriles diversas en función de su geografía y cultura. Por ejemplo, en algunas culturas romaníes, los caballos se consideraban animales espirituales, y guardar el cráneo de un caballo era excelente para evitar que los malos espíritus paranormales entraran en casa. La mayor parte de la magia gitana se centraba en la naturaleza, los animales, las plantas y los poderes divinos de estos seres vivos.

La creencia en el poder divino de los animales es la razón por la que los gitanos veneraban y valoraban mucho a sus animales y ganado. Prestaban mucha atención a sus animales, hablaban e interactuaban con ellos, los escuchaban e intentaban conectar con su poder espiritual. A menudo, los animales formaban parte de rituales mágicos.

Lo que los no gitanos llaman superstición es lo que los gitanos creen que son elementos de magia y brujería. Utilizan amuletos, talismanes, nudos y amuletos para aumentar el poder de sus proezas mágicas. Los símbolos mágicos de la magia gitana incluyen piedras, cuchillos, conchas y otros elementos naturales. En resumen, el pueblo gitano intenta aprovechar la magia del poder de la naturaleza.

Los gitanos hoy

Antiguamente, los gitanos recorrían las calles en busca de manos para leer y predecir el futuro a quienes deseaban recurrir a sus servicios de brujería. Por supuesto, el pago en metálico y/o en especie era el quid de la cuestión para los gitanos. Hoy en día, la mayoría de ellos recurren a Internet para conseguir clientes.

Además, los gitanos nómadas de hoy en día utilizan caravanas y autos para desplazarse de un lugar a otro. Muchos gitanos también se han asentado y no se distinguen fácilmente de los no gitanos. De hecho, gracias a la actitud discriminatoria de la sociedad, algunos gitanos prefieren ocultar sus raíces.

Sin embargo, se hacen muchos esfuerzos para acabar con la discriminación y la persecución de gitanos inocentes. Cada año, el 8 de abril se celebra el Día internacional del pueblo gitano y se utiliza específicamente para concienciar y celebrar la cultura gitana en todo el mundo.

Capítulo 2: Costumbres, códigos y creencias

Las prácticas y creencias gitanas son tan diversas como las naciones en las que viven. Sin embargo, este capítulo examina los cuentos populares y las creencias que son más o menos comunes entre todos los gitanos.

Las prácticas y creencias gitanas son tan diversas como las naciones en las que viven
https://www.pexels.com/photo/different,artifacts,on,the,black,table,7189440/

Rromanipé o cosmovisión gitana

El *Rromanipé* engloba las ideas de honor, dignidad y justicia. Como ya se ha mencionado, los gitanos no tienen una religión común, sino que siguen la fe del país de acogida. Se describen a sí mismos como «numerosas estrellas dispersas a la vista de Dios». Los gitanos creen en el karma, un elemento profundamente arraigado en la filosofía india.

Traducido libremente, el karma puede definirse como «equilibrio espiritual» o «lo que va, vuelve». Según la filosofía romaní, existe un conflicto constante entre el diablo y lo divino en cada ser humano. El que gana este conflicto decide cómo resulta su vida.

Otra faceta importante del *romanipé* es el respeto a los mayores. Creen firmemente que cuando alguien falta al respeto a los mayores, los espíritus de los antepasados no descansan hasta que el culpable recibe una lección y es disciplinado. Los romaníes se dirigían a su dios con varios nombres, como Devlam, Devla, Del, etc., y estas palabras han formado parte de la lengua romaní desde la antigüedad.

Devla significa «Dios». Para el principiante romaní, es importante distinguir esta palabra de la palabra inglesa «devil». En la lengua romaní, la palabra para diablo es «beng». *Devla* está relacionada etimológicamente con la palabra sánscrita «Dev», que significa dios.

Los romaníes creen en un poder espiritual superior o energía denominada «dji». Esta energía espiritual disminuye cuando pasan tiempo fuera de su comunidad, por eso dudan de las personas no gitanas y desconfían mucho de los forasteros.

De hecho, tener un primo gitano lejano no significa que vaya a ser aceptado en el redil romaní. Además, un gitano puede no considerar a otro como parte de la familia o *kampania* (o *kumpania*) si no se cumplen estrictamente las normas y reglamentos. Los que no siguen las leyes son condenados al ostracismo y expulsados de la comunidad. Los gitanos se refieren a los no gitanos como «Gorgers».

Otro aspecto interesante de las reglas romaníes es que todo en este mundo se categoriza como elementos que son limpios y o *marime* (sucios). Ser o convertirse en *marime* o entrar en contacto con cualquier cosa *marime* puede causar mucho dolor y daño a la víctima. Se puede tener mala suerte, enfermar, contraer una enfermedad e incluso morir. Muchas cosas son consideradas *marime*, según *Rromanipé*. Algunas de ellas son

- Líquidos que salen de nuestro cuerpo (por ejemplo, la orina)
- Los roedores
- Reptiles
- Cualquier cosa que toque el suelo

Una vez que un elemento se considera *marime*, el pueblo gitano evita todo contacto con él o al menos lo limita. El concepto de *marime* y de qué elementos son «sucios» se les inculca desde que nacen. Evitar lo «sucio» influye en la forma de vivir, actuar, pensar y hablar de los gitanos.

Además, si un objeto tangible se considera *marime*, las palabras utilizadas para describirlo o nombrarlo también lo son. Por ejemplo, la menstruación es *marime*. Por lo tanto, no se habla de menstruación, ni de las palabras utilizadas en tal conversación. La lengua romaní no tiene una palabra para designar la menstruación ni muchas otras afecciones *marime*. Simplemente se refieren a ellas como «cosas». A veces, se les da descripciones como cosas largas, cosas cortas, cosas difíciles, cosas malas, etc.

Mientras que ciertas condiciones, como la menstruación, son *marime*, las personas que experimentan condiciones *marime* también reciben un tratamiento especial porque pueden propagar el *marime*. Por ejemplo, a las mujeres durante la menstruación se las mantiene separadas. Lo mismo ocurre con los enfermos. Si alguien está enfermo, sus cosas se separan del resto de las cosas de la casa porque la enfermedad, que se considera *marime*, puede propagarse.

Lo bueno es que no se habla de las personas afectadas por lo *marime* con ninguna connotación negativa. Esto se debe a que los romaníes creen que lo *marime* también puede propagarse a través de nuestros pensamientos. El poder de la mente, especialmente los pensamientos malos o negativos sobre la persona afectada, puede atraer la enfermedad o lo *marime* de las mujeres menstruantes.

Supongamos que alguien está enfermo en casa. No dar el pésame a esa persona o ser rencoroso también puede atraer la enfermedad. Los pensamientos negativos de su mente «capturan» la enfermedad en su cuerpo.

Las ideas de los gitanos pueden parecer poco científicas e ilógicas a un novato. Sin embargo, no es que no sepan cómo se propagan las enfermedades, sino que se preocupan más por saber por qué ciertas afecciones las contraen unos y no otros. El concepto de *marime* está tan arraigado en la psique romaní que se cree que uno puede contagiarse no sólo de enfermedades, sino también de sucesos desafortunados, como accidentes o fracturas de huesos, asociándose o pensando mal de la persona afectada, especialmente de quienes no siguen las normas.

Por eso, los forasteros, considerados *marime*, no se dejan asimilar fácilmente al redil romaní. Según *Rromanipé*, las personas más *marime* son las que no siguen el código de conducta, las normas de limpieza y otros rituales romaníes, lo que se traduce en todo lo que está fuera de la *kumpania*.

Incluso lavar los platos se hace de forma ritual. El orden de lavado depende de la cantidad de contacto que haya tenido la vajilla con el cuerpo humano. Los platos que entran directamente en contacto con el cuerpo humano se lavan primero en el agua más limpia. Por lo tanto, las tazas que tocan nuestros labios se lavan primero, con el agua más pura, y los platos y ollas que sólo tocan nuestras manos se lavan en último lugar. La comida de las ollas se pasa al plato antes de comerla. Un romaní nunca toma la comida directamente de la olla y se la lleva a la boca.

Y lo que es más importante, los platos deben lavarse con agua corriente, no con agua estancada. Teniendo en cuenta todas estas restricciones y normas, la vida de un gitano nómada puede ser bastante difícil y estresante. Siempre están pensando en cómo evitar el *marime* y vivir la vida según el *rromanipé*, no sea que los castiguen.

Leyendas gitanas

Baba Fingo: cuenta la leyenda que Baba Fingo era el líder del pueblo gitano en el antiguo Egipto. Los romaníes eran perseguidos, oprimidos y gravemente discriminados por el faraón de Egipto. Baba Fingo condujo a su pueblo al Mar Rojo para escapar del régimen opresor, poder esconderse bajo el agua y estar a salvo de las atrocidades de los soldados egipcios.

La comunidad romaní de Egipto cree que el 6 de mayo de cada año resucita Baba Fingo, y ese día se celebra un festival anual llamado Festival de Kakava, concretamente en las provincias del noroeste de Turquía. Este festival también está relacionado con la antigua tradición de Hıdırellez, una celebración de la llegada de la primavera. Los romaníes creen que el Festival Kakava trae bendiciones y abundancia a todos los participantes.

La Leyenda de Bibi: Bibijako Djive es una de las fiestas más importantes que celebra el pueblo gitano siguiendo la creencia cristiana ortodoxa oriental. La fe en Bibi y sus poderes legendarios están relacionados con la comunidad romaní de Serbia. La celebración de esta fiesta tiene por objeto apaciguar a Bibi, la diosa del cólera, para que los niños romaníes no se vean afectados por la enfermedad. La leyenda de Bibi es la siguiente.

Según un artículo publicado por Svetlana M Cirkovic titulado «Bibi y Bibijako Djive en Serbia» en la revista *Academia Journal,* Kona era una gitana cristiana ortodoxa oriental asentada en Serbia. Murió en 1935 a los 99 años y se cree que vio a Bibi por primera vez. Esta leyenda afirma que una fría tarde de invierno, cuando Kona y su familia estaban terminando de cenar, llamaron a la puerta. El marido de Kona abrió la puerta y vio a Bibi de pie fuera. Era alta, delgada y huesuda. Llevaba un vestido rojo, el pelo largo y oscuro y estaba descalza. La acompañaban dos niñas vestidas de blanco y dos corderos.

El marido las invitó a entrar y le dijo a Bibi que parecía muy cansada y le pidió que se sentara y se relajara. También le preguntó si tenía hambre. Bibi pidió a la familia un par de zapatos de campesina porque estaba descalza. Kona buscó un par y se lo dio a Bibi.

En cuanto Kona le dio el par de zapatos a Bibi, ella, los niños y los corderos se desvanecieron en el aire. La puerta principal permaneció cerrada, y la familia de Kona oyó la voz de Bibi diciendo: «Que Dios les dé siempre a usted y a su familia todo lo que necesiten».

La sorprendida pareja abrió la puerta y salió, esperando ver a Bibi. Sin embargo, estaba llamando a la puerta de la vecina, una rica familia serbia. La rica mujer serbia abrió la puerta y echó a Bibi bruscamente. Bibi maldijo a la rica familia y regresó a casa de Kona, donde decidió pasar la noche con sus dos hijos y los corderos.

Después de darles de comer y calentarlos, Bibi acostó a sus hijos y le dijo a Kona: «Soy Cólera y he asfixiado a los hijos de tu vecina rica pero maleducada. Celebra mi fiesta todos los años y haz una inscripción (Zapis) para mis hijos en ese día. Grita en voz alta el siguiente versículo: 'A la salud de la Tía y de sus hijos'».

La familia se fue a dormir. Cuando se despertaron a la mañana siguiente, Bibi y sus hijos no estaban por ninguna parte. De repente, se oyeron fuertes lamentos procedentes de la casa del vecino. Cuando Kona y su marido fueron a ver qué había pasado, se dieron cuenta de que los niños de la casa rica estaban todos muertos. Desde ese día, los romaníes celebran a Bibi y a sus hijos.

En Serbia, la palabra para tía es *Tetka*. Cuando el pueblo romaní adoptó a la divina Tía en su culto, la bautizó Bibi, que es Tía en lengua romaní. Los romaníes creen ahora que los hijos de quienes no celebran a Bibi en ese día, como ella ordenó, están malditos y morirán.

La tradición gitana está llena de milagros y sueños relacionados con Bibi. El pueblo romaní cree que si Bibi aparecía en sus sueños, normalmente pedía que se cumpliera una determinada tarea relacionada con su fiesta o la forma en que esperaba ser honrada. A veces, aparecía en los sueños de quienes no celebraban su fiesta. La fe del pueblo romaní en Bibi y sus poderes milagrosos es legendaria.

Dhampires: los *dhampires* son protectores y guardianes, específicamente para la protección de los *moroi*, una antigua raza mágica de vampiros benévolos con colmillos que se alimentan de sangre. Los *moroi* no llevan capa, no duermen en ataúdes ni se transforman en murciélagos. No les gusta la luz del día como a los vampiros maléficos. Sin embargo, los *moroi* no son eternos y no necesitan a los humanos para sobrevivir.

Los *dhampir* son en parte *moroi* y en parte humanos y se dedican a proteger a los *moroi* de sus monstruosos y mortales homólogos, los *strigoi*. Los *dhampires* nacen con unos reflejos excelentes, una agilidad asombrosa, una fuerza y potencia aumentadas y una resistencia extraordinaria.

Hoy en día, los *dhampires* son famosos en el mundo del espectáculo, ya que aparecen en múltiples películas y libros de fantasía. Sin embargo, la idea de los *dhampires* hunde sus raíces en el folclore gitano. Es el nombre que los gitanos eslavos daban al hijo de un vampiro. Según la tradición gitana, el niño tiene poderes vampíricos. La historia de cómo nacen los *dhampir* también se encuentra en la tradición gitana.

Se cree que cuando un nuevo vampiro se despierta, está extremadamente excitado. Como es nuevo y aún no ha encontrado pareja vampírica, va en busca de la viuda que ha dejado en el mundo humano para saciar sus deseos sexuales. Si no tiene una viuda para este propósito, simplemente encuentra a cualquier mujer joven.

La viuda o la joven pueden quedar preñadas por el nuevo vampiro, y el bebé nacido de esta unión es un *dhampir*. Los gitanos tenían otros nombres para este ser. La hembra de esta especie se llamaba vampira, y el macho era vampir. Aunque había diversas creencias sobre el tipo de poderes que tenía este ser especial, no había duda de que un humano con sangre de vampiro obtenía superpoderes de alguna forma. Algunos de ellos ansiaban la sangre, mientras que otros no la necesitaban. Los gitanos serbios creían que los vampiros eran invisibles para los humanos, pero los *dhampir* podían verlos.

Ursitorio: el *Ursitorio* es conocido por muchos nombres, incluyendo *Urmen, Ursoni, Ourmes, Oursitori,* etc. Son un grupo de tres espíritus femeninos (o hadas) de la suerte o el destino. Según el folclore romaní, los tres espíritus del destino aparecen tres noches después del nacimiento de un niño para decidir su suerte. El hada benévola o buena prevé acontecimientos futuros felices y brillantes para el niño. El espíritu triste y pesimista prevé lo peor del futuro del niño.

La tercera, el hada más poderosa, es la imparcial dedicada a la sensibilidad y la razón. Es ella quien decide el destino del niño después de escuchar las opiniones de las hadas buena y mala. Su decisión sobre el destino del niño es vinculante y, una vez sellado por los *Urmen*, nada ni nadie puede cambiarlo.

Calabazas y sandías vampiro: esta leyenda tiene su origen en el pueblo romaní de los Balcanes, en el sureste de Europa. Los romaníes creen que las sandías y las calabazas tienen propiedades especiales. Estas dos verduras pueden adquirir rasgos vampíricos si se dejan fuera toda la noche bajo los efectos de la luna llena. El primer y más evidente signo de vampirismo es una gota de sangre que puede verse en la corteza de estas hortalizas.

Los romaníes creen que sólo las calabazas, todo tipo de calabazas, y las sandías tienen el poder de transformarse en vampiros. Mientras que algunos creen que la transformación se produce durante una noche de luna llena, otros creen que las hortalizas se convierten en vampiros cuando luchan entre sí.

Cuando las calabazas y/o sandías se mantienen juntas durante más de diez días, empiezan a cobrar vida, se revuelcan y emiten gruñidos. Las hortalizas vampiro y las normales se parecen, y es imposible discernir las diferencias salvo por la gota de sangre de las vampiro.

Se cree que los vegetales vampiro vagan por los pueblos y las caravanas gitanas por la noche. Sin embargo, se cree que son inofensivos para las personas. Así, la mayoría de los gitanos no temen a las calabazas y sandías vampiro.

Los códigos, las creencias y las criaturas y seres mágicos analizados en este capítulo, hay muchísimos más, son la razón por la que los gitanos temen el poder de la magia siniestra. Su creencia es genuina, y el hecho de que los no gitanos no la entiendan no les da derecho a burlarse o a faltar al respeto a la tradición, los códigos y las creencias gitanas.

Capítulo 3: Presagios y costumbres gitanas

Los gitanos suelen fijarse en el clima y en la naturaleza que les rodea en busca de presagios que puedan predecir lo que puede ocurrir en un futuro próximo o lejano. Veamos algunos de estos elementos y presagios y entendamos cómo los gitanos leen e interpretan sus significados.

Los gitanos miran a menudo el clima y la naturaleza que les rodea en busca de presagios que puedan predecir lo que ocurrirá en un futuro próximo o lejano
https://www.pexels.com/photo/a-person-covering-the-lighted-candle-he-is-holding-5435272/

Presagios meteorológicos y celestes

Los gitanos intentan leer e interpretar los significados del tiempo, el clima y el cielo. Intentan comprender por qué y cómo cambian el tiempo y el clima, por qué cambian los colores del cielo, cómo cae la lluvia, etc.

Aunque hoy en día el mundo moderno tiene explicaciones científicas para muchos sucesos naturales, el sistema de creencias que seguían los gitanos también puede conectarse con estas razones científicas de formas pequeñas pero ciertas. Cuando encontramos esta conexión, es fácil comprender el funcionamiento de la mente de un mago gitano. Así pues, vayamos a estos elementos y sus significados.

Lluvia

La lluvia es quizás uno de los acontecimientos más relajantes que traen paz y felicidad a la mayoría de nosotros. Sentarse junto a la ventana y escuchar el repiqueteo de las gotas de lluvia sobre los tejados y los árboles es muy tranquilizador.

Según los gitanos, la lluvia simboliza la buena suerte, la claridad y la limpieza. Esto es cierto porque cuando llueve, toda la porquería y suciedad de la tierra se la lleva el agua de lluvia a los arroyos, estanques y ríos, permitiendo que la madre naturaleza trabaje y los convierta en tierra fértil y fertilizantes.

Por tanto, la lluvia limpia físicamente la contaminación y la suciedad. La lluvia también representa una limpieza catártica. Se considera un acontecimiento redentor, que nos permite limpiar nuestras mentes de pensamientos negativos y malos y aligerar la carga de nuestras almas sobrecargadas.

La lluvia también es un símbolo de calma y claridad. Incluso cuando hay tormenta, representa este significado. Esto se debe a que cuando hay tormenta, todos nos vemos obligados a refugiarnos en el interior, y tenemos tiempo para relajarnos y mirar hacia dentro, lo que nos ayuda a calmarnos. El sonido de la lluvia es a menudo como una canción de cuna lírica y rítmica que nos arrulla hasta un sueño reparador.

Puede hablar con cualquier agricultor y su primer amor es casi siempre la lluvia. Cuando llueve, los cultivos y las plantas florecen, creando más alimentos, madera y muchos otros elementos de supervivencia, así como belleza natural, verdor y otros presagios de alegría y felicidad para los seres humanos. La mayoría de las veces, la llegada de la lluvia y los monzones anuncia un periodo de limpieza y de la buena fortuna.

La lluvia también simboliza el renacimiento y el crecimiento. Mantiene el ciclo de la vida y ayuda a las plantas a florecer y crecer. El agua es el símbolo de la vida, y la lluvia representa este poderoso símbolo. Sin lluvia ni agua, la vida no existiría en la Tierra. Por eso, en el sistema de creencias romaní, la lluvia se considera abundante y beneficiosa. Así, si llueve el día de su boda, su vida matrimonial estará llena de buena fortuna, abundancia y felicidad.

Niebla

Se cree que la niebla es un mediador entre lo conocido y lo desconocido. Se cree que conecta la realidad con elementos no reales como los sueños, las ilusiones, la adivinación, las apariciones, etc. Los romaníes creen que la niebla matinal anuncia un buen día. Para el invierno, significa la llegada de más frío y viento.

Otros presagios meteorológicos

Los siguientes signos presagian lluvia:
- Si el cielo tiene el color de una caballa.
- Si el cielo tiene un tinte verdoso.
- Si ve la luna con aureola o espuma en los bordes de una masa de agua.
- Si ve un animal carnívoro como un perro o un gato consumiendo hierba o un gato rascándose contra las patas de una mesa.
- Si ve caracoles en el crepúsculo o los sonidos de los grillos son más fuertes de lo habitual.
- Si ve ganado o vacas tumbadas por la mañana temprano.
- Si ve golondrinas volando bajo.
- Si las aves y/o los pavos reales cantan.
- Si ve grajos volando en círculos en el cielo.
- Si cantan los petirrojos posados en ramas bajas.
- Si ve gaviotas en tierra.
- Si un gallo se posa en una puerta y canta.
- Si ve niebla en lo alto de las colinas.
- Si el humo de la chimenea cae en lugar de subir, se espera una tormenta.

Otras señales:
- Si la nieve persiste en un lugar, caerá más nieve.
- Si llueve mucho en septiembre, habrá sequía.
- Si la chimenea arde bien y con muchas chispas, se acerca el frío.
- Si ve numerosas zarzas, el invierno que se avecina será frío y amargo.
- Si frota a un gato y ves chispas en su pelaje, se acerca el frío.
- Si un grillo canta dentro de casa, vendrá un invierno frío.
- Si la llama de una vela apagada arde durante mucho tiempo, el invierno que se avecina será malo.

Se pueden esperar inviernos suaves o buen tiempo:
- Si el tic tac de los relojes es ruidoso antes de la llegada del invierno.
- Si las arañas tejen telarañas en la hierba.
- Si al soplar una vela apenas arde, se puede esperar buen tiempo.

En cuanto a los presagios meteorológicos, los viernes y los lunes tienen cierta relación con la tradición gitana. Si hay tormenta el viernes, también la habrá el lunes. O si la puesta de sol del viernes es esplendorosa, lloverá el lunes. Un octubre cálido significa un febrero frío.

Presagios animales

Los animales y las plantas están profundamente relacionados con el modo de vida romaní. Leen e interpretan el comportamiento y los sonidos de los animales de diferentes maneras.

He aquí algunas creencias meteorológicas interesantes basadas en los presagios de los animales:
- Si ve a un gato lavándose las orejas, se espera buen tiempo.
- Un gato viejo y débil se mueve de forma inusual podría significar el comienzo de tiempo ventoso.
- Si un perro aúlla sin motivo, es señal de una muerte inminente.
- El pueblo romaní considera a los zorros como presagios de buena suerte, y su comportamiento hacia usted podría traer un poco o mucha buena suerte. Por ejemplo, si se encuentra con un zorro durante un viaje, puede surgir una buena oportunidad. Si este zorro lo mira durante un rato, es un muy buen augurio.
- Ver una mula sacudiéndose es señal de buena suerte.

- Ver una polilla cerca de una llama significa que se avecinan buenas noticias.
- Ver un caballo blanco por la mañana temprano significa que la buena suerte le acompañará durante todo el día.
- Dos caballos jugando juntos significa felicidad y alegría en la familia. Sin embargo, si dos caballos se pelean, cabe esperar riñas y peleas en la familia.
- Si ve un cuervo parado en el camino, su viaje será feliz y/o fructífero.
- Si un gitano ve un cuervo muerto en el camino, dará media vuelta.
- Los cuervos son presagios de mala suerte. Sin embargo, si tiene una propiedad con una colonia de grajos bien establecida, es una buena señal. Si los grajos se marchan después de comprar la propiedad, se considera una mala señal o una calamidad inminente. Imagínese que compra una propiedad con una colonia de grajos en Irlanda y supone que los grajos abandonan los nidos en el plazo de un año; tiene derecho a recuperar su dinero y devolver la propiedad al propietario.
- Si ve dos urracas juntas, es buena señal. Sin embargo, si sólo ve una, es señal de que se avecina un robo.
- Los chochines y petirrojos voladores traen buena suerte, mientras que los muertos anuncian mala suerte.
- Si oye una lechuza o intenta capturarla o matarla durante el día, es de mal agüero. Si un búho ulula muy cerca del amanecer, llama al alma de un ser humano y anuncia la muerte.
- Las gaviotas que sobrevuelan un carromato gitano se consideran un mal augurio, que significa la muerte de alguien de la familia.

Otras creencias y presagios del pueblo gitano

Según el pueblo gitano, el dinero y el picor están relacionados. Si le pica la palma derecha, recibirá un ingreso o alguien le dará dinero. Si le pica la palma izquierda, hay un gasto inminente o va a regalar dinero. Si pone el bolso en el suelo, se cree que perderá dinero.

Otro presagio monetario es el siguiente: Los gitanos no cuentan los billetes de cuatro en cuatro porque trae mala suerte; sólo cuentan de tres en tres porque trae buena fortuna.

Si le pica la nariz, tiene varias connotaciones. Una es que alguien podría abofetearle. El picor de nariz cuando alguien habla puede significar que miente. El picor en los pies podría indicar un viaje inminente. El picor en el ojo derecho es señal de mala suerte, mientras que si se pica el ojo izquierdo, algo bueno va a ocurrir.

Presagios de mala suerte

Es frecuente olvidar algo al salir de casa. La mayoría de nosotros volvería a recoger lo olvidado. Para un gitano, sin embargo, esto nunca sucederá porque volver a casa después de haber salido por alguna tarea trae mala suerte. Así que lo mejor es pasar el día sin lo que se ha olvidado o posponer la tarea para otro día.

Las flores rojas y blancas representan la sangre y la tripa. Colocar estas dos flores trae mala suerte. Cortarse las uñas en domingo trae mala suerte. Quemar harina o pan se considera un mal presagio.

Presagio del paraguas

Abrir un paraguas dentro de casa es irracional para los gitanos y un signo de mala suerte. Por eso, los gitanos nunca abren el paraguas dentro de casa.

Presagios de peleas familiares

Derramar sal en la mesa es señal inequívoca de una pelea o discusión familiar inminente.

Hipo y presagios

Si tiene hipo sin pausa ni motivo, puede significar que alguien está pensando en usted. Si adivina quién está pensando en usted, el hipo cesará.

Presagio de gato negro

Si un gato negro se cruza en su camino, dese la vuelta y busque otro camino para llegar a su destino porque, según el pueblo romaní, un gato negro es señal de mala suerte.

Presagio de botella compartida

El pueblo romaní cree que compartir una botella con amigos o familiares no es una buena idea debido a la siguiente creencia: Si comparte una botella de agua, zumo o alcohol, debe beber el último sorbo; de lo contrario, es probable que la otra persona le robe a su ser querido.

Piezas de cristal de mal agüero

Si es romaní, romper cristales puede no ser una mala idea. En algunas bodas romaníes, los novios tiran cada uno un vaso al suelo. Cuantos más pedazos, más feliz será su matrimonio.

Presagios sobre zapatos

Poner un par de zapatos sobre la mesa atrae la mala suerte. Una mujer embarazada nunca debe llevar zapatos nuevos porque se cree que tanto ella como su bebé serán metidos en un ataúd. Por eso, el pueblo romaní se asegura de que alguien que no esté embarazada lleve primero los zapatos nuevos, y luego la embarazada puede ponérselos.

Otras creencias:

- Se considera que trae mala suerte tener un bebé si la mujer no tiene las orejas perforadas.
- A los recién nacidos no se les corta el pelo hasta que cumplen dos años.
- Si se ve una estrella fugaz, es señal de muerte inminente.
- Cuando un árbol está a punto de morir, se cree que «grita de dolor». Estos gritos no deben oírse; por eso, los gitanos se tapan los oídos con las manos.
- Si ve a una mujer con un cántaro de agua, da buena suerte. Sin embargo, si la jarra está vacía, da mala suerte.
- Partir una manzana por la mitad sin cortar la semilla significa que se cumplirán los asuntos y deseos del corazón de esa persona.
- Cuando dos personas pronuncian la misma palabra o frase simultáneamente, deben unir sus dedos y pedir un deseo. Si lo hacen, sus deseos se harán realidad.

Interpretación de los sueños entre los gitanos

Durante mucho tiempo se ha creído que los sueños son la voz de lo divino que intenta enviarnos mensajes. Los gitanos siguen sus sueños e intentan interpretarlos de muchas maneras.

He aquí algunas indicaciones sobre sus creencias acerca de los sueños.

- Si sueña con toros, serpientes, gatos o cuchillos, es señal de mala suerte.
- Una mula o un caballo blanco en su sueño significa buena suerte. Soñar con caballos significa que recibirá noticias.

- Si en sus sueños ve un fuego, significa que recibirá una llamada.
- Si ve una casa grande en su sueño, podría ser encarcelado o arrestado.
- Si en su sueño ve personas o perros peleándose, vendrán amigos.
- Si ve peces nadando, habrá un escándalo.
- Sus sueños durante la estación otoñal se harán realidad. Si puede recordar sus sueños por la mañana, también se harán realidad.

Presagios sobre los días de la semana

Los siete días de la semana tienen diferentes significados para los gitanos. Algunas actividades están prohibidas en determinados días de la semana, mientras que otras sólo pueden realizarse en determinados días. Veamos algunos de estos presagios en la tradición gitana.

- Está prohibido sembrar lino y utilizar tijeras y agujas los miércoles y los viernes.
- Los viernes no se puede hacer ningún trato ni venta.
- Lavar cualquier cosa los sábados e hilar los jueves se considera mala suerte.

Los gitanos siempre ofrecen flores a las personas que encuentran en el camino mientras viajan. Esta costumbre procede de su legado nómada. Cuando el pueblo romaní viajaba de un lugar a otro, ofrecía flores a los extraños con los que se cruzaba como gesto de buena voluntad y señal de paz. Los gitanos creían firmemente que la Tierra era redonda y que lo que gira, gira. Que la Tierra era redonda era también la base de otro proceso de pensamiento: Si permanecían demasiado tiempo en un lugar, la Tierra se volvía pesada; si permanecían poco tiempo en un lugar, la Tierra se volvía ligera. Así, el equilibrio de la Tierra se vería afectado negativamente. Por eso, los gitanos no permanecen mucho tiempo en un mismo lugar y prefieren desplazarse. Por lo tanto, viajar es el modo de vida de los gitanos.

Capítulo 4: Signos y símbolos

Desde la antigüedad, los seres humanos han utilizado símbolos para comunicarse y transmitir mensajes, mucho antes de la aparición de la escritura. De hecho, el poder de un solo símbolo a menudo puede superar las descripciones prolijas de todo un libro. Los símbolos y signos son atajos visuales a la mente subconsciente, que traen recuerdos olvidados a la mente consciente.

Por ejemplo, si ve el símbolo de McDonald's, muchas ideas y pensamientos salen automáticamente a la superficie. Puede decidir que tiene hambre y quiere comer una hamburguesa. Podría recordar algo divertido o embarazoso que le ocurrió mientras comía una hamburguesa. Podría asociar a personas de su vida con la hamburguesa o la comida. Podría recordar imágenes felices u horribles que vio mientras masticaba su hamburguesa. La cuestión es que, sin pronunciar una sola palabra, un solo cartel evoca imágenes y recuerdos en nuestra mente. Ese es el poder de un signo o símbolo.

Este capítulo trata de algunos de los símbolos gitanos más importantes utilizados en las prácticas de brujería.

Amuletos y talismanes

Muchos gitanos llevan talismanes y amuletos de buena suerte y protección. Según la creencia romaní, un amuleto es un objeto que se encuentra en la naturaleza y que está naturalmente dotado de magia. Un amuleto también puede potenciarse artificialmente, mediante rituales, con magia.

Los talismanes no se encuentran en la naturaleza. Son fabricados por el hombre y cargados de magia por brujas gitanas o hechiceros. Normalmente, un talismán es una moneda o un pergamino con poderosas palabras o símbolos mágicos.

Los gitanos llevan sus talismanes y amuletos en una bolsita de cuero o tela llamada «parik,til» o «putsi», que suelen colgarse del cuello. Para el neófito, esta bolsita puede parecer sólo un objeto decorativo. Sin embargo, es importante no dejarse engañar porque este pequeño «putsi» podría estar lleno de objetos mágicos.

Lo importante de los amuletos, ya sean amuletos o talismanes, es mantenerlos cerca para que la magia sea efectiva en su vida. Si encuentra uno o alguien se lo regala, no lo olvide. Puede guardarlo en el bolso o en el bolsillo, o hacer una pequeña joya con él, como un collar o una pulsera, y llevarlo en el cuerpo. Incluso durante los rituales, los gitanos se aseguran de tener cerca amuletos protectores y de buena suerte que se utilizan para aumentar el poder de los rituales.

Herradura

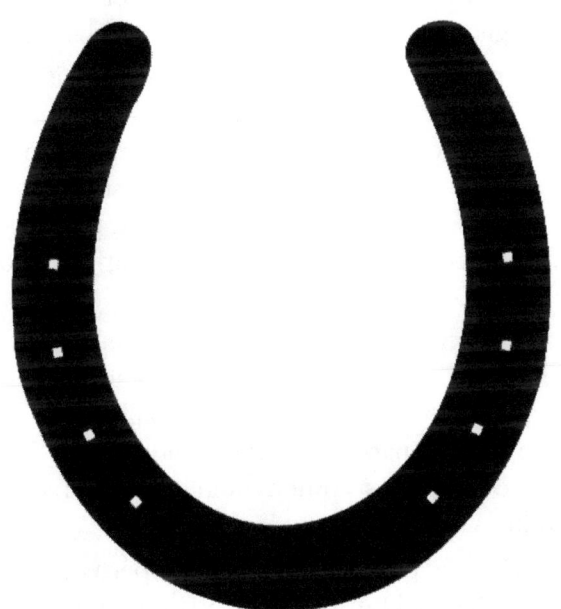

Herradura
https://pixabay.com/es/vectors/herradura,silueta,suerte,negro,306844/

Para los gitanos, una herradura es símbolo de buena suerte y protección. Todos sus carros tirados por caballos (*vardo*) llevarán atada una herradura para protegerse de los malos espíritus y atraer la buena suerte. Por la misma razón, las mujeres gitanas llevan al cuello talismanes de oro o plata en forma de herradura.

Si los gitanos encuentran una herradura abandonada con las uñas intactas, dará suerte a quien la encuentre durante todo un año. Sin embargo, si se encuentra hacia arriba, trae muy mala suerte. Se escupe sobre ella y se arroja sobre el hombro izquierdo para evitar que la mala suerte afecte su vida.

Hay una historia interesante sobre cómo los gitanos llegaron a creer que las herraduras traen buena suerte. La historia es la siguiente: Érase una vez cuatro demonios. La muerte, la mala salud, la mala suerte y la infelicidad. Un día, estos cuatro demonios persiguieron a un gitano a caballo. La mala suerte era más veloz que los demás, así que empezó a acortar distancias con el desventurado gitano.

De repente, el caballo del gitano lanzó una herradura a mala suerte, que murió al instante. Los tres hermanos tuvieron que detenerse y enterrar a su hermano muerto. El gitano se llevó la herradura a casa, y los tres hermanos tramaron vengarse del gitano. Pero la herradura siguió manteniendo a los gitanos a salvo de los tres vengativos hermanos.

El *vardo* es la posesión más importante de los gitanos, por lo que siempre se cuelga una herradura sobre la puerta como protección. Todos los *vardos* están pintados a mano por sus dueños con gran belleza y colorido. Las puertas están casi siempre exquisitamente decoradas, y sobre ellas cuelgan las herraduras más hermosas pintadas a mano. Las herraduras se utilizan en las bodas para el bienestar y la protección de los novios y su matrimonio.

He aquí otra leyenda del mundo cristiano que explica el augurio de buena suerte de las herraduras. En el siglo X vivía un herrador llamado Dunstan. Un día, mientras herraba a un caballo solo en su herrería, apareció el Diablo y quiso para sí pezuñas hendidas. El Diablo pensó que podría viajar por todas partes cómodamente, como hacen los animales con pezuñas hendidas.

Dunstan accedió a la petición del Diablo, pero decidió ayudar a la humanidad con este acto. Dunstan puso los clavos demasiado cerca de donde las pezuñas se encuentran con la piel, y el Diablo gritó de agonía. Entonces, Dunstan hizo un trato con el Diablo. Dunstan extrajo una promesa del Diablo de que el mal no entraría en las casas que tuvieran una herradura colgada fuera de la puerta. Sólo cuando el Diablo hizo esta promesa, Dunstan retiró los dolorosos clavos. Desde entonces, la gente utiliza herraduras para ahuyentar la mala suerte.

Latones de caballo

Latón de caballo
https://commons.wikimedia.org/wiki/File:Horsebrass.jpg

El latón de caballo es un importante talismán gitano. Se trata de uno o varios símbolos de latón que se cuelgan de los arreos del caballo. A veces, muchas de estas placas de latón para caballos se ensartan juntas en algo llamado martingala, que se parece a un cinturón o tira de cuero que cuelga del cinturón de un gitano. Originalmente, estos bronces para caballos se utilizaban para proteger a los animales del mal de ojo y las enfermedades, y también los llevaban las personas para la fuerza, la resistencia y la fertilidad.

Los símbolos utilizados para los bronces de caballo incluyen muchos elementos desde la antigüedad hasta los sistemas de creencias actuales, como estrellas, sol, luna, cruces, la rueda solar de tres patas (o *triskele*), campanas, imágenes o placas cortadas en forma de caballo, bellotas, etc. Algunos diseños tienen un corazón en la base, que simboliza «dar corazón» al caballo para aumentar su fuerza.

El Hamsa y el mal de ojo

El Hamsa
https://pixabay.com/es/illustrations/mano-de-f%c3%a1tima-hamsa-khamsa-3408067/

El mal de ojo
https://www.pexels.com/photo/a-blue-hanging-ornament-12133992/

El mal de ojo es un tipo particular de maldición mágica que se cree, perjudica a las personas a quienes se dirige causando mala salud, mala suerte e incluso la muerte. Casi todos somos víctimas del mal de ojo o de la mala mirada, y la mayoría se encoge de hombros y lo considera mera superstición. Sin embargo, el pueblo gitano y muchas culturas de todo el mundo, el toman el concepto del mal de ojo muy en serio. Los gitanos lo tratan como un mal extremadamente dañino del que hay que librarse o del que hay que ocuparse inmediatamente.

¿Qué es el mal de ojo? Es una mirada maligna con intención de causar daño de forma sobrenatural. El mal de ojo puede ser hacia la buena fortuna del objetivo, la abundancia, la salud, la buena apariencia, o cualquier cosa que pueda provocar celos. También pueden ser comentarios desprevenidos sobre el objetivo y su buena vida. Los efectos del mal de ojo relacionados con la salud suelen presentarse en forma de fatiga, insomnio, diarrea y depresión.

Los gitanos, junto con muchas otras culturas de todo el mundo, creen que las enfermedades y dolencias tienen su origen en cuestiones médicas y relacionadas con la magia. Una persona puede sucumbir a una enfermedad no sólo a causa de un virus, sino también por el ataque del mal de ojo de alguien. De hecho, incluso los objetos pueden ser atacados por un mal de ojo, lo que podría resultar en la destrucción o daño de los objetos. Esta es la razón por la que se cuelgan talismanes protectores del mal de ojo.

La historia del mal de ojo es larga y antigua. Los gitanos han viajado por todo el mundo, han recogido elementos de distintas culturas y geografías, y han utilizado sus enseñanzas para protegerse a sí mismos y a sus seres queridos de los efectos negativos del mal de ojo. El *hamsa* es una de esas medidas protectoras.

El *hamsa* en hebreo significa «cinco». Es un símbolo bello y omnipresente que tiene diferentes significados para las distintas culturas. A menudo se lleva como joya. El símbolo *hamsa* es una palma abierta con dos pulgares mirando en direcciones opuestas y tres dedos entre los dos pulgares mirando hacia arriba. El centro de la palma tiene un llamativo ojo conectado a los cinco dedos mediante diferentes líneas y giros.

El *hamsa* se conoce con diferentes nombres, algunos de los cuales se comentan a continuación:

- **Mano de Miriam:** Miriam era la hermana de Moisés, una de las figuras más destacadas de la historia bíblica, el hombre que sacó a su pueblo del cautiverio y la esclavitud egipcios.

- **Mano de la Madre María:** Los cristianos llaman así al *hamsa*, en honor a la venerada madre de Jesucristo.
- **Mano de Fátima:** Los seguidores del islam llaman así al *hamsa*. Fátima, la hija del profeta Mahoma, descubrió que su marido había tomado otra esposa. Se enteró mientras cocinaba. Se enfadó y dejó caer el agitador en la olla, pero siguió removiendo el contenido caliente con la mano. Por ello, esta mano se convirtió en un símbolo de fidelidad.

Cuando la Mano *hamsa* mira hacia abajo, significa recibir, dar y acoger. En esta posición, el *hamsa* representa la abundancia y la buena suerte. Simboliza la llegada de cosas buenas a nuestras vidas, como la buena salud, la fortuna, la riqueza y la felicidad.

El *hamsa* hacia arriba es un signo de protección. Llevarlo en esta posición protege al portador de todo tipo de daño y negatividad. También ayuda al portador a hacer frente a las emociones negativas, como las preocupaciones, los miedos, las inseguridades, el odio, etc.

El ojo situado en el centro del *hamsa* ofrece protección contra el mal de ojo. A veces, la mano *hamsa* tiene un loto en lugar del ojo en el centro. El loto representa la pureza, la regeneración, el renacimiento y la iluminación. Los peces de los tres dedos centrales también protegen del mal de ojo. Ya que los peces que viven bajo el agua nunca son visibles a simple vista están libres de los efectos del mal de ojo.

El trébol de cuatro hojas

El trébol de cuatro hojas
https://pixabay.com/es/vectors/hoja,tr%c3%a9bol,de,cuatro,hojas,152047/

Los gitanos consideran que el trébol de cuatro hojas es un presagio muy afortunado. Un trébol es un trébol de tres hojas que a menudo se confunde con un trébol de cuatro hojas. Para poner las cosas en perspectiva, por cada 10.000 tréboles hay uno de cuatro hojas, y su rareza es lo que lo hace precioso y afortunado.

El trébol de cuatro hojas representa el amor, la suerte y la esperanza. Hay un dicho común que reza «la suerte de los irlandeses», y tiene su origen en el trébol de cuatro hojas. Se cree que Irlanda tiene muchos más tréboles de cuatro hojas que cualquier otro lugar del mundo.

La cuarta hoja se distingue fácilmente porque es de un verde distinto al de las otras tres. Si encuentra un trébol de cuatro hojas, es señal de buena suerte. Sin embargo, si lo regala a otra persona, podría tener más suerte que si se la hubiera quedado para usted. Múltiples leyendas relacionan el trébol de cuatro hojas con la buena suerte. Algunas de ellas se detallan a continuación:

- Se cree que la asociación de la suerte con el raro trébol está directamente relacionada con Eva, la primera mujer, según el cristianismo. Tras ser expulsada del Jardín del Edén, se cree que Eva recogió un trébol de cuatro hojas antes de marcharse.
- Según las creencias celtas, los tréboles de cuatro hojas tienen poderes mágicos de protección y pueden alejar la mala suerte y las energías negativas. Los celtas también creían que, si se llevaba un trébol de cuatro hojas, las hadas, pequeñas criaturas generalmente invisibles y peligrosas que pueden hacer daño a los niños, se hacían visibles, ayudando al portador a tomar medidas de protección.
- También se cree que cuando San Patricio llevó el cristianismo a la antigua Irlanda, utilizó el trébol de tres hojas para explicar el concepto de la Trinidad: El Padre, el Hijo y el Espíritu Santo. Sin embargo, es posible que Irlanda, recordemos que es el lugar donde se encuentra la mayoría de los tréboles de cuatro hojas, ya asociara la magia y los poderes mágicos a esta rara planta. Los sistemas de creencias antiguos y nuevos se combinaron y potenciaron el poder mágico del trébol de cuatro hojas en Irlanda.

Un último punto interesante sobre los tréboles de cuatro hojas: Si encuentra uno, seguro que encontrará algunos más en las mismas proximidades. Así que no se conforme con la suerte de un trébol de cuatro hojas. Mire alrededor y multiplicará su suerte encontrando más.

Centavo de la suerte

Centavo de la suerte
https://www.pexels.com/photo/silver,liberty,in,god,we,trust,1978,coin,64824/

El pueblo romaní nunca deja atrás un penique si encuentra uno en el camino que recorre o en cualquier otro lugar. La buena suerte de un penique no está relacionada con su valor, sino con el hecho de que está hecho con metal, un elemento escaso, sobre todo en la antigüedad en comparación con ahora.

Por eso, cuando alguien encontraba un penique, se creía que era un regalo de Dios y que quien lo encontrara estaría protegido contra la mala suerte. La creencia de que el metal da suerte es también una de las razones por las que las herraduras se consideran afortunadas. Encontrar un penique con el sello hacia arriba se considera mala suerte en algunas culturas.

Los irlandeses escupen el penique y lo tiran a los arbustos para que las hadas y duendes traviesos los encuentren y den buena suerte a la persona. Otra creencia es que si encuentra un penique cuyo sello coincida con su año de nacimiento, su suerte se multiplicará.

Aunque puede comprar amuletos y talismanes de la buena suerte en tiendas en línea o físicas cerca de usted, es aún mejor si puede hacerlos usted mismo. Use la creatividad para embellecer sus amuletos y llévelos puestos o a todas partes para aprovechar su poder. Y lo que es más importante, cuando hace amuletos y talismanes, les transfiere sus poderes y energías, personalizándolos y adaptándolos a sus necesidades.

El siguiente capítulo enseña los diferentes tipos de amuletos y talismanes que puede crear en casa.

Capítulo 5: Cómo hacer amuletos y talismanes

Al igual que los gitanos errantes y nómadas, cualquier persona que desee practicar la magia gitana puede aprender a crear sus propios talismanes y amuletos desde cero utilizando artículos fácilmente accesibles que puede encontrar en casa o en tiendas económicas.

La palabra amuleto viene del griego «amuletum»
https://www.pexels.com/photo/glass,amulets,hanging,on,tree,6243236/

Diferencias entre amuletos y talismanes

Antes de pasar a la fabricación de amuletos y talismanes, aprendamos a distinguirlos. Ambos están cargados mágicamente de poder espiritual y/o mágico para proteger contra el mal o atraer la buena suerte.

La palabra amuleto procede del griego «amuletum», mientras que talismán viene de «telesma», que significa «ceremonia de consagración».

Los amuletos tienen el poder de alejar la energía negativa y maligna. Absorben o reflejan la energía negativa dirigida al portador. Herraduras, carbón, ajos, monedas, crucifijos, etc., son algunos de los amuletos que la gente lleva con este fin. Los amuletos son objetos mágicos que mantienen a salvo a la persona o traen buena fortuna a su portador o poseedor.

Los talismanes, en cambio, dotan al portador de energía positiva para que la negatividad no le afecte. Son objetos fabricados por el hombre y cargados de energía mágica por magos gitanos o fabricantes de talismanes. Ejemplos de talismanes famosos son la lámpara mágica de Aladino y la espada Excalibur del Rey Arturo. También se consideran talismanes los sombreros o varitas mágicas que llevan los magos practicantes, etc.

Estos objetos mágicos se cargan para aumentar el poder personal del portador. Por lo tanto, los talismanes son amplificadores de los poderes personales y mágicos de una persona. Guían al portador para que tenga los pensamientos adecuados. Necesitan una concentración intensa y deben elaborarse en periodos y rituales específicos.

A menudo, los talismanes están hechos de piedras preciosas y cristales. Suelen ser una sola pieza, como un colgante o una piedra fijada a la pulsera. Por el contrario, los amuletos pueden ser simples bolsas llenas de hierbas, piedras y otros objetos mágicos. Los amuletos se presentan de forma natural, aunque pueden potenciarse mágica y energéticamente mediante rituales, mientras que los talismanes son objetos fabricados por el hombre.

Los colores y las velas en la magia gitana

Los diferentes colores tienen diferentes significados e interpretaciones en la magia gitana. Puede utilizar esta sección sobre los colores para todos sus rituales y prácticas de magia gitana, incluyendo la fabricación de amuletos y talismanes. Las velas son elementos esenciales en el kit de herramientas mágicas de un gitano. Amplifican y liberan la energía necesaria durante y después de los rituales. Puede utilizar velas de colores sin encenderlas para obtener vibraciones positivas y encenderlas en los rituales.

Negro: El negro representa el misterio y la protección. Es el color del clero. Las brujas visten de negro para cubrirse contra el mal y para proteger sus misterios. Se utiliza para la protección psíquica. Además, es un color polivalente, más aún en la magia negra, y se puede utilizar para embrujar, recopilar información, aprender cosas nuevas, sabiduría, cambiar de forma, adivinar y mucho más.

Blanco: El blanco representa la paz y la serenidad y promueve la comprensión y la fuerza personal. También es un color polivalente en la magia blanca y puede utilizarse en rituales relacionados con la fuerza, la paz, la pureza, la unidad, la verdad, los niños pequeños y el equilibrio.

Verde: El verde representa el crecimiento y el desarrollo y es ideal cuando necesita que sus ideas cobren vida. Es el color de la vida, la prosperidad, el dinero, la aceptación, el clima, la magia de las plantas y la abundancia.

Azul: El azul es ideal para la curación emocional y para equilibrar los chacras. Es el color de la comunicación, la buena fortuna, la fuerza de voluntad, la concentración, la organización y la sinceridad, y representa el elemento agua.

Amarillo: El amarillo es ideal para rituales que impliquen el desarrollo de habilidades sociales y de contactos. También es bueno para las oportunidades laborales y el crecimiento profesional. Es el color de la felicidad, el éxito, la memoria, la inspiración, las prácticas mágicas relacionadas con el Sol y la flexibilidad.

Rojo: El rojo es el color del amor, el sexo y la pasión. Representa la potencia sexual, el valor, el peligro, la acción, la guerra, la competición y la asertividad.

Rosa: El rosa representa el romanticismo. Encienda una vela rosa todos los días en su altar si quiere atraer el amor. Es el color de la compasión, la feminidad, la madurez, la armonía doméstica y la curación espiritual y emocional.

Morado: El morado es el color de la creatividad y la iluminación espiritual. Es adecuado para rituales relacionados con la sabiduría, el poder espiritual, la independencia, los trabajos relacionados con el gobierno y la conexión con los espíritus.

Naranja: El naranja potencia sus ambiciones y amplía sus horizontes. Es el color de los asuntos intelectuales, la autoexpresión, la curación de adicciones, la vitalidad, las celebraciones y las inversiones.

Marrón: El marrón es el color asociado a todo tipo de recursos, especialmente los materiales. Es el color de la magia de las mascotas/animales, de la tierra, de la estabilidad, de encontrar cosas perdidas, de los bienes inmuebles, la construcción, y de la comida.

Aceites esenciales en la magia gitana

Los aceites esenciales son compuestos orgánicos extraídos de plantas y partes de plantas, como cortezas, hojas, flores, semillas, frutos y raíces. Los aceites esenciales tienen excelentes propiedades curativas y mágicas. Pueden curar el cuerpo, la mente y el espíritu y se han utilizado durante milenios para tratar enfermedades espirituales, mentales y físicas.

Nuestro sistema olfativo, que se ocupa de nuestra nariz y nuestros sentidos del olfato, conecta estos olores con la amígdala, el centro del cerebro que se ocupa de las emociones. También conecta con el sistema límbico, responsable de nuestros recuerdos, los problemas relacionados con el estrés, la respiración, la presión sanguínea, el equilibrio hormonal, etc.

La información anterior la conocemos gracias a los estudios científicos del mundo moderno. Sin embargo, los sabios gitanos de antaño ya lo sabían y utilizaban aceites esenciales en sus prácticas mágicas para aprovechar sus poderes y energías mágicas. He aquí una lista de algunos aceites esenciales utilizados habitualmente en las prácticas mágicas gitanas, como los rituales y la fabricación de amuletos y talismanes.

Albahaca: Aporta claridad y fuerza mental a la vez que estimula la mente. Al respirar el olor del aceite esencial de albahaca, la capacidad de concentración también aumenta.

Bergamota: Eleva emocionalmente a la vez que calma la ansiedad y los sentimientos de depresión. Es ideal para tratar el estrés, el dolor y el miedo.

Pimienta negra: Aumenta la resistencia mental y mejora el estado de alerta de la mente.

Canela: Ideal para usar en momentos de preocupación y fatiga. Estimula y da energía.

Clavo: Reduce el agotamiento mental, la ansiedad y la depresión y alivia el estrés. También es conocido como un gran afrodisíaco y se utiliza a menudo para tratar el insomnio.

Ciprés: Ayuda a la concentración y alivia el estrés.

Eucalipto: Alivia y calma el cuerpo, por lo que a menudo se utilizan unas gotas de aceite de eucalipto en el baño. Estimula la mente y ayuda a mejorar la concentración.

Incienso: Ayuda a ralentizar y profundizar la respiración y se utiliza a menudo durante las sesiones de meditación. Aterriza y calma sin efectos sedantes.

Jazmín: Calma los nervios, aumentando así la confianza en uno mismo y el optimismo. Es ideal para revitalizar y restaurar los niveles de energía. El jazmín también se utiliza a menudo como afrodisíaco.

Lavanda: Muy conocida por sus propiedades sedantes, calma y tranquiliza la mente. Favorece el sueño y reduce la ansiedad y las preocupaciones.

Hierba limón: Refrescante y estimulante, difunde felicidad en el ambiente. Combate el agotamiento nervioso y revitaliza el cuerpo y la mente.

Mirra: Ayuda a suavizar las emociones exaltadas y es una gran ayuda para la meditación. Crea una atmósfera edificante y relajante.

Nuez moscada: Elimina las dudas y la resistencia a la vez que mejora la espontaneidad y la flexibilidad.

Naranja: Sus vibraciones soleadas y positivas aportan felicidad y calidez. Ayuda a liberar la negatividad del cuerpo y la mente.

Pachulí: Su olor es calmante, enraizante y equilibrante. Elimina el letargo y agudiza el ingenio. Es ideal para la meditación y la oración.

Rosa: Ayuda a cuidarse y nutrirse armonizando el cuerpo, la mente y el espíritu. Ayuda a fortalecer la autoestima y a resolver los problemas emocionales. La rosa también es afrodisíaca.

Salvia: Comúnmente utilizada para la purificación y limpieza espiritual. Nos ayuda a adaptarnos a los cambios aportando confort y protección.

Sándalo: Su aroma infunde una profunda sensación de paz interior. Se ha utilizado en prácticas espirituales y mágicas desde la antigüedad.

Vetiver: Ayuda a eliminar la ira, el resentimiento, la tensión y la irritabilidad. También ayuda a enraizarse y es ideal para las sesiones de meditación.

Ylang-ylang: Seda el sistema nervioso central, reduciendo así el estrés y la ansiedad. Nos ayuda a sentirnos felices y agradecidos por la vida y lo que nos ofrece.

Cómo crear un sencillo amuleto o hechizo gitano de la buena suerte

Como se explicó en el capítulo anterior, hacer amuletos y talismanes es mejor que comprarlos en una tienda. Por eso, explicamos cómo puede crearlos fácilmente con los métodos a continuación.

Amuleto de papel para la buena suerte

Este es uno de los amuletos más sencillos que puede hacer. Es suficientemente flexible para cualquier fin.

Materiales necesarios:

- Bolígrafos, tintas de diferentes colores y/o pintura
- Papel
- Aceites esenciales
- Velas

El uso de aceites esenciales es opcional; sin embargo, tienen poderes mágicos de perfumería que pueden potenciar la energía del amuleto. Ya sabe que varios símbolos y signos están relacionados con la buena suerte. Tener estos signos en su casa o llevarlos encima ayudará a atraer las energías cósmicas para la buena suerte a su vida. Crear un pergamino de la buena suerte con los materiales anteriores es una de las formas más sencillas de hacerlo. Siga este proceso para hacer su amuleto de la buena suerte.

- En primer lugar, corte un trozo de papel rectangular de unos 10 cm por 10 cm.
- Marque el centro del papel recortado con el símbolo que elija utilizando bolígrafos de colores, tintas o pintura. Recuerde utilizar bolígrafos de tinta fluida, como bolígrafos de gel, estilográficas, etc.
- A continuación, escriba una pequeña frase o unas palabras que describan su deseo en la parte superior o inferior del papel. A continuación, añada su nombre completo, su fecha de nacimiento y otros datos que se relacionen con el papel.
- Ahora, enrolle el papel y séllelo con cera de vela.

- Puede ungir el papel con el aceite o aceites esenciales que prefiera. Por ejemplo, la naranja, la nuez moscada, la violeta o la rosa son excelentes para la buena suerte.
- Lleve este papel siempre que quiera atraer la buena suerte.

Lo que escriba en el papel se convertirá en poder. Algunos ejemplos de lo que podría contener su papel de la buena suerte son:

- Quiero un trabajo mejor pagado.
- Quiero atraer el amor a mi vida.
- Quiero que mi ex vuelva conmigo.
- Quiero entrar en una universidad o en un curso concreto.

Mientras escribe, repita la intención tantas veces como pueda para que el poder se transfiera al papel y atraiga energías cósmicas alineadas con esta intención.

Cómo hacer una bolsa de mojo gitano

Una bolsa de mojo gitana llamada *parik-til* fue presentada en un capítulo anterior. Puede hacer su *parik-til* para cualquier propósito usando una bolsa de cuerda de cualquier color de su elección, pero use el color que esté alineado con el propósito de la bolsa de mojo. Por ejemplo, si quiere atraer riqueza y dinero, utilice una bolsa de cuerda de color verde. Si quiere atraer el amor, puede utilizar una de color rojo. Las cosas que ponga en la bolsa de mojo dependen totalmente de usted. Aquí tiene algunos elementos comunes que suelen ponerse en su interior.

- Hojas de roble
- Una ramita de canela
- Semillas y/o pétalos de girasol
- Una herradura

Puede añadir cualquier cosa que crea que aumentará el poder y la magia de su bolsa de mojo. Introduzca todos los objetos en la bolsa con cordón y úntela con el aceite esencial que prefiera, como mirra, canela, benjuí o aceite de la prosperidad.

«Parik-til» se traduce como «portador de bendiciones». Cuando lleva esta bolsa, significa que las bendiciones le seguirán a donde vaya. Por lo tanto, sujete la bolsa de mojo que ha creado y sienta las bendiciones que emanan de ella. Además, mientras llena la bolsa de cordón con los objetos que ha recogido, puede cantar un sencillo mantra de la buena suerte como, por ejemplo: *«Destierro las nubes malas de mi vida, creando espacio para la buena suerte. Ven aquí, ven aquí, buena fortuna, y llena mi vida de alegría y felicidad».*

Hechizo gitano para hacer realidad los sueños

- Siéntese para este ritual en un día de luna llena.
- Encienda una vela blanca, asegurándose de que todas las luces artificiales estén apagadas.
- Escriba su deseo en un papel.
- Durante unos diez minutos, observe la llama de la vela y visualice la realización de su sueño. A continuación, diga en voz alta: *«Al acostarme en la cama esta noche, que las energías cósmicas se combinen para hacer realidad mi sueño».*
- A continuación, concéntrese en su sueño y queme el papel en la llama de la vela. Deje que la vela se consuma por completo.
- Repita este ritual durante doce noches consecutivas, a partir del día de luna llena.

La fabricación de amuletos y talismanes forma parte de la magia gitana, y puede crear los suyo en función de sus necesidades y de las materias primas que tenga. No tiene que comprar cosas caras; elija lo que más le guste, utilice los colores, velas y aceites esenciales adecuados, cree una intención poderosa y transfiera su poder personal y sus sueños al amuleto/talismán que cree. Póngaselo o llévelo consigo para que las energías cósmicas alineadas con su intención encuentren el camino hacia usted.

Capítulo 6: Hierbas y plantas mágicas, un pequeño grimorio de hierbas

Los gitanos siempre han dependido de la madre tierra para su supervivencia mucho más que los colonos normales. A donde iban, los gitanos aprendían y aprovechaban el poder de las hierbas y plantas comunes y las utilizaban en sus prácticas mágicas y no mágicas. La mayoría de los gitanos poseen la habilidad y los conocimientos asociados al uso de hierbas y plantas.

Los gitanos aprendieron y aprovecharon el poder de las hierbas y plantas comunes
https://www.pexels.com/photo/white,and,brown,ceramic,bowl,1793035/

Si quiere aprender el camino de los gitanos, dominar el conocimiento de las hierbas y las plantas es vital. Este capítulo está dedicado a ofrecerle un pequeño grimorio de hierbas y plantas mágicas utilizadas por el pueblo romaní.

Acacia: La acacia (también conocida como goma arábiga) se utiliza para la mejora y la protección espiritual y psíquica. Es ideal para rituales relacionados con la amistad, el amor platónico y el dinero. También se utiliza para ayudar en la meditación.

Bellota: La bellota es una hierba protectora utilizada en rituales relacionados con el poder personal, la sabiduría y la buena suerte. Lleve una bellota seca en el bolso como amuleto para tener vigor y vitalidad juveniles.

Aliso: Los alisos se asocian con la adivinación y la magia. También se utilizan en rituales funerarios para proteger a los espíritus.

Agueweed: El *agueweed* se utiliza en amuletos como protección contra el mal y las energías negativas. Se utiliza sola o mezclada con incienso para romper maleficios y maldiciones.

Almendra: La almendra (también conocida como *shakad* y nuez griega) se utiliza para atraer el dinero, la prosperidad y la fecundidad. Invoca los poderes curativos de dioses y diosas. También se utiliza para superar adicciones y dependencias. Puede llevar una almendra en el bolso o utilizarla como incienso para atraer a las personas que quiere en su vida.

Amaranto: El amaranto se utiliza mucho en la magia gitana en diversos rituales, como la curación de corazones rotos y la invocación de espíritus.

Manzana: Las manzanas se utilizan en rituales para honrar a las deidades. Durante las ceremonias de Samhain, las manzanas se utilizan con frecuencia porque se consideran el alimento de los muertos. Las manzanas se queman durante este festival porque se cree que son las almas de los muertos. Quemar manzanas facilita el renacimiento de las almas en primavera. En el mundo de la magia gitana, las manzanas también se conocen como fruta de los dioses, rama de plata, árbol del amor, etc.

Bálsamo de Galaad: Esta resina medicinal se menciona en la Biblia hebrea y tiene profundas connotaciones en el judaísmo y el cristianismo. Simboliza el amor, la protección y la curación, y se utiliza en rituales relacionados con la pérdida de seres queridos. El bálsamo de Galaad se utiliza en una bolsita de amor para curar los corazones rotos y atraer un nuevo amor. También se utiliza para ungir velas. Cuando se quema, atrae a los espíritus.

Abeto balsámico: Esta planta es ideal para armarse de valor y fuerza. Provoca cambios positivos en su vida y, si está atascado con una pregunta o un problema desconcertante, puede utilizar el abeto balsámico para encontrar nuevas perspectivas y puntos de vista. También se utiliza como incienso, quemándolo sobre un plato de carbón.

Bambú: El bambú se utiliza para la buena suerte y la protección contra maldiciones y maleficios. Grabe un deseo o un sueño en un trozo de bambú, entiérrelo y verá cómo ese deseo se hace realidad en su vida. Otra forma sencilla de utilizar el bambú es llevar un trocito para atraer la buena suerte.

Cebada: La cebada es ideal para rituales de protección, curación y amor. Simplemente esparza cebada en su espacio ritual para alejar el mal. Tome unos granos de cebada y haga una cuerda con ellos. Ate esta cuerda alrededor de una pequeña piedra y láncela a un lago, estanque, río o arroyo mientras visualiza que la negatividad abandona su cuerpo y su mente y se disuelve en la nada en el agua.

Albahaca: La albahaca es una de las hierbas más poderosas de la magia gitana y se utiliza en hechizos y rituales relacionados con el amor y la riqueza. La magia de la albahaca también ayuda a eliminar los miedos y el mal y, por lo tanto, se utiliza regularmente en rituales de exorcismo. Si sabe que su camino está lleno de peligros y necesita avanzar, lleve un poco de albahaca para recibir ayuda divina. Puede llevar unas hojas de albahaca para atraer la riqueza y la prosperidad o para tener éxito en una entrevista de trabajo.

Laurel: El laurel aumenta sus poderes psíquicos. También se utiliza en hechizos y rituales de buena suerte. Como en el ritual del bambú, grabe su deseo en una hoja de laurel. Sosténgala durante un rato mientras visualiza que ese deseo se hace realidad. A continuación, queme la hoja mientras imagina que su deseo se hace realidad. Los gitanos duermen con una hoja de laurel bajo la almohada para facilitar los sueños proféticos. Lleve una hoja de laurel en el bolsillo o en el bolso como protección contra la magia negra.

Cera de abejas: Antiguamente, la cera de abejas era la única materia prima disponible para fabricar velas. En la práctica de la magia gitana, la cera de abejas se utiliza como base para bálsamos curativos a base de hierbas.

Abedul: El pueblo romaní utilizaba el abedul para diversos rituales mágicos de protección, purificación, cura de la infertilidad y exorcismo. Plante un abedul en el exterior de su casa para mantenerla a salvo del mal y la negatividad.

Cimicifuga racemosa: Esta planta atrae el amor, aumenta la potencia (para ello, haga una bolsita de amor y llévela en el bolsillo) y aumenta el coraje. Llévela en una bolsa morada para protegerse de los accidentes y mantenerse a salvo de quienes quieren hacerle daño. Añada un poco a su amuleto para tener valor y fuerza. Espolvoréela por toda su casa o habitación para alejar la negatividad y los efectos del mal de ojo. Quémela como incienso de amor.

Cardo bendito: Utilizado como protección contra la negatividad, el cardo bendito es utilizado por los gitanos para romper maldiciones y maleficios. Llevar esta hierba encima aumentará su fuerza. También se sabe que aumenta la potencia sexual en los hombres.

Borraja: El poder de la borraja infunde valor y agudiza los poderes psíquicos. Ponga unas flores de borraja en el agua del baño para levantar el ánimo, aumentar el coraje y proteger su casa del mal.

Espino cerval: Esta planta se utiliza para la buena suerte en los asuntos judiciales. Coloque espino cerval en su casa para alejar el mal y las fuerzas negativas. Utilice este sencillo ritual para hacer realidad un deseo o un sueño con espino cerval:

- Prepare una infusión o polvo de espino cerval.
- Sosténgalo en la mano y mire hacia el este.
- Gire en el sentido de las agujas del reloj permaneciendo en el mismo lugar hasta que vuelva a su posición original, mirando hacia el este.
- Mientras hace el círculo, esparza el polvo o infusión a su alrededor a la vez que visualiza su sueño o deseo.

Cactus: Los cactus son grandes plantas protectoras. Facilitan la castidad y ahuyentan la mala suerte. Cultive algunos cactus en su jardín para evitar que entren en su casa energías no deseadas. Coloque plantas de cactus en las cuatro direcciones de su casa o jardín para una protección total.

Flores de caléndula: Estas flores son excelentes para los tribunales y los asuntos legales. Lleve algunas en el bolsillo cuando vaya al juzgado para que el caso se decida a su favor. Poner algunas flores debajo de su cama hará que sus sueños se hagan realidad. Otra capacidad de estas flores es la de darle el poder de entender la comunicación de los pájaros. Coloque algunas bajo sus pies para entender el habla de los pájaros.

Alcanfor: El alcanfor se asocia con la adivinación, la conciencia psíquica y los sueños. Queme alcanfor para purificar el entorno. También aumenta el poder de persuasión. Añada alcanfor al agua cuando esté adivinando.

Alcaravea: Estas semillas son ideales para rituales relacionados con el amor, la pasión, la salud y la memoria. También tiene propiedades antirrobo. Coloque algunas semillas de alcaravea en su caja fuerte o esparza algunas semillas por su casa para mantener alejados a los ladrones. Las semillas de alcaravea se utilizan en rituales y hechizos relacionados con el amor y el romance, ya que acercan a los amantes. Los gitanos utilizan las semillas de alcaravea para consagrar sus herramientas mágicas y chucherías. Se puede llevar en una bolsita para mejorar la memoria. Coloque la bolsita bajo la almohada para recordar sus sueños.

Clavel: Esta flor es para la curación, la fuerza, la protección y el equilibrio. Quémela como incienso para potenciar su creatividad.

Hierba gatera: Esta planta es sagrada para Bast, la antigua deidad egipcia de los gatos. La hierba gatera se utiliza habitualmente en todos los rituales relacionados con gatos o deidades gatunas. Tanto la hierba gatera como los pétalos de rosa en bolsitas de amor dan resultados asombrosos. Combinada con el árbol del dragón, ayuda a eliminar los malos hábitos y los problemas de comportamiento. Cultivar hierba gatera en el jardín o cerca de la entrada de casa es estupendo para atraer la buena suerte y las bendiciones de los espíritus benévolos.

Cedro: El cedro es para el poder, la confianza, el dinero, la purificación y la curación. El cedro se utiliza para consagrar varitas. Haga saquitos para promover la paz y la calma. Colgar una rama de cedro en casa protege contra los rayos.

Celidonia: La celidonia es una hierba excelente para curar la depresión y ayuda en asuntos legales. Aporta alegría y victoria. Lleve consigo celidonia para aumentar la confianza personal, sobre todo cuando se enfrente a adversarios. La celidonia es una gran ayuda cuando realiza un trabajo ritual para liberarse a usted mismo o a otra persona de sentimientos de estar atrapado. Sin embargo, tenga en cuenta que la celidonia es un veneno y, por lo tanto, debe utilizarse con mucha, mucha precaución. Si tiene la más mínima duda, NO utilice la celidonia en ningún sitio a menos que esté bajo la supervisión de una persona formada y cualificada.

Manzanilla: La manzanilla se utiliza para reducir el estrés, para curar y en asuntos amorosos. Quemar manzanilla como incienso atrae la riqueza. Utilice la manzanilla en hechizos relacionados con el éxito y para romper maleficios y maldiciones. Si quiere que sus esfuerzos en el juego den fruto, la manzanilla puede ser útil. Antes de tomar las cartas en una partida de póquer, acuérdese de lavarte las manos con infusión de manzanilla.

Achicoria: Los poderes mágicos de la achicoria son excelentes para promover perspectivas positivas y potenciar su sentido del humor. Úntese con una infusión de achicoria si desea recibir favores de los demás.

Canela: La canela es una especia que funciona excelentemente en rituales y hechizos relacionados con la curación, la espiritualidad, el amor, el poder, la suerte, la protección, la pasión y la sabiduría. Queme canela durante las sesiones de meditación para aumentar la conciencia espiritual, potenciar sus poderes psíquicos y atraer el dinero.

Clavo: El clavo se utiliza en rituales de destierro, para alcanzar sueños y como protección. Queme clavo para eliminar los chismes y sus efectos nocivos en su vida. También limpia el aura y aumenta las vibraciones espirituales de la zona. Ensarte unos cuantos clavos y cuélguelos sobre las cunas de los bebés para protegerlos. Llévelo para atraer el amor y ayudarle durante el duelo.

Narciso - El narciso representa la fertilidad, el amor y la buena suerte. Llévelo cerca del corazón para atraer el amor a su vida. Coloque narcisos frescos en un hogar si sus habitantes están intentando tener hijos. Estas flores aumentan la fertilidad.

Hoja de diente de león - Entierre algunas hojas de diente de león en su jardín o en cualquier otro lugar para mantener su hogar a salvo de las fuerzas del mal y la negatividad. Son estupendas en hechizos para hacer realidad sus deseos y sueños.

Eneldo - El eneldo es la hierba del dinero, la pasión, la lujuria y la protección. Se utiliza en los rituales de bendición de las casas, ya que aleja la negatividad. El eneldo también ayuda a distinguir entre la superstición sin sentido y la magia real. Las semillas de eneldo pueden utilizarse en hechizos para atraer la riqueza. Si quiere una noche de pasión, huela semillas de eneldo antes de acostarse. También puede añadirlas a su baño. Báñese en esta agua antes de una cita y será irresistible.

Sangre de drago - La sangre de drago se quema como incienso para aumentar la potencia de cualquier hechizo o ritual debido a su fuerte poder para eliminar la negatividad y el mal. También se utiliza en rituales relacionados con la eliminación de malos hábitos y malas influencias.

Saúco - El saúco se utiliza en ceremonias de bendición de casas y negocios. Es bueno para liberar encantamientos y protege contra la negatividad. Ayuda a quien lo porta a enfrentar las tentaciones de cometer adulterio. También se utiliza en ritos funerarios para ayudar a las almas difuntas en su viaje al otro mundo. Algo con lo que debe tener extrema precaución: las raíces, la corteza y las bayas crudas del saúco son venenosas, por lo que deben utilizarse con sumo cuidado. Si no está seguro, no lo utilice.

Olmo - El olmo es utilizado por los practicantes de magia gitana para conectar con el mundo de los elfos. Si quiere evitar que alguien difunda malos rumores sobre usted, puede utilizar este sencillo hechizo: Escriba el nombre de la persona en una hoja de olmo y entiérrela en un lugar seguro. Las calumnias cesarán. El olmo también se utiliza como protección contra los rayos y para atraer el amor.

Eucalipto - El eucalipto atrae vibraciones curativas. Para ello, espolvoree un poco de eucalipto seco alrededor de una vela azul encendida. El aceite de eucalipto también es un gran purificador. Las hojas de eucalipto son un buen complemento para las almohadas de sueños y las bolsas curativas. Ponga unas cuantas hojas en su amuleto para sanar y reconciliar las diferencias en las relaciones.

Fenogreco - El fenogreco se utiliza en rituales y hechizos para atraer el dinero y mejorar la fertilidad. Coloque algunas semillas en su casa para atraer la riqueza. Busque un tarro pequeño y llénelo con algunas semillas de fenogreco. Añada semillas cada día al tarro. El dinero nunca dejará de fluir en su casa.

Matricaria - La matricaria se utiliza como protección contra resfriados, fiebres, gripes y accidentes. Guarde algunas de estas flores en su equipaje y en su auto mientras viaja.

Linaza - La linaza se utiliza en rituales curativos y monetarios. Estas semillas alejan la pobreza del hogar. Póngalas dentro de un pequeño frasco para este propósito. La linaza aumenta la precisión de los rituales de adivinación y sus resultados. Espolvoree una infusión de linaza alrededor de un espacio ritual de adivinación antes de comenzar un ritual.

Ajo - El poder mágico del ajo tiene fama de repeler a los vampiros desde hace mucho tiempo y se utiliza en rituales de exorcismo. Protege contra la magia negativa y hostil. Cuelgue algunas vainas de ajo en su casa para mantener unida a la familia. Llevar ajo cuando sale a la calle mantiene a raya el mal tiempo. Los gitanos utilizaban el ajo fresco para curar a los enfermos frotándolo sobre el cuerpo de la persona enferma. El ajo absorbe la enfermedad, y luego puede desecharse de forma segura.

Ginseng - Los usos mágicos del ginseng incluyen la belleza, el amor y la curación. Lleve un poco de ginseng para atraer el amor y aumentar la libido. Talle su deseo en una raíz de ginseng y échela al agua. Su deseo se hará realidad.

Acebo - Plante acebo en su casa o jardín con fines protectores. También se utiliza en magia para el amor, el matrimonio y la buena suerte. A los hombres con baja libido sexual se les recomienda que lleven plantas de acebo en el bolsillo, ya que se cree que aumentan la potencia sexual.

Jacinto - El jacinto, llamado así por el dios griego del amor y la intimidad entre personas del mismo sexo, es la flor del amor y la buena suerte. El jacinto es la hierba patrona de los homosexuales. Lleve flores de jacinto para protegerse de las pesadillas. Sus poderes mágicos también se utilizan para aliviar dolores de parto.

Hisopo - El hisopo es la hierba purificadora más utilizada en la magia gitana. Favorece la apertura espiritual y aumenta el poder de las vibraciones. Por lo tanto, es la hierba más buscada para consagrar herramientas y objetos mágicos. Basta con rociar una infusión de hisopo sobre objetos y personas para limpiarlos y purificarlos. Cuelgue un poco de hisopo en su casa para protegerla de ladrones e intrusos.

Musgo irlandés - El musgo irlandés es una increíble hierba de la buena suerte. Coloque un poco bajo su alfombra para atraer la riqueza a su hogar. Lleve un poco para protegerse cuando viaje. El musgo irlandés se utiliza para rellenar bolsitas o amuletos hechos para el dinero o el amor. Espolvoree una infusión de musgo irlandés alrededor de su negocio para aumentar las visitas.

Jazmín - El jazmín se utiliza en rituales relacionados con antídotos contra mordeduras de serpiente y para trabajos de adivinación. También se utiliza comúnmente para cargar cristales de cuarzo. Lleve flores de jazmín en bolsitas para atraer a su alma gemela. Quemar hojas secas de jazmín antes de dormir ayuda a inducir sueños proféticos. También mejora la creatividad y fomenta la innovación.

Kava - La kava puede formar una potente bebida sacramental y se usa como una poción mágica que induce el trabajo astral y visiones. Llévela con usted cuando viaje para obtener protección, ascensos y éxito profesional.

Lavanda - Los usos mágicos de la lavanda están relacionados con el amor, la protección, la paz y la curación. La lavanda es conocida por aliviar los síntomas de la depresión. Rocíe un poco de aceite de lavanda en su baño y tenga un sueño reparador. Combinada con romero, evita que los amantes se alejen. Si está ansioso o preocupado, queme flores de lavanda como incienso para sentirse tranquilo y en paz. Las cenizas de las flores quemadas pueden esparcirse por la casa para atraer la armonía y la tranquilidad.

Loto - El loto es sagrado para muchas culturas, como la egipcia, la india, etc. Las flores de loto adornan a muchos dioses indios y egipcios. Es muy útil para el crecimiento espiritual y psíquico, el amor y la protección.

Mirra - La mirra se utiliza para el despertar o la apertura espiritual, la curación y la meditación. Gracias a las altas vibraciones de los poderes psíquicos, es efectiva para aumentar el poder y la energía de todos los rituales y trabajos mágicos. El humo de la mirra puede utilizarse para limpiar y bendecir talismanes y amuletos. Normalmente, la mirra y el incienso se queman juntos como sahumerio.

Caléndula - Esta flor atrae admiración y respeto y funciona bien en los tribunales y otros asuntos legales. Añada una infusión de caléndula al agua del baño para atraer el amor. Esta flor es excelente para llevar en saquitos y amuletos de amor para atraer nuevas relaciones e intensificar el amor y el romance en las que ya existen.

Artemisa - La artemisa se puede llevar encima para curar la locura y otras enfermedades mentales. También es buena para la lujuria y la fertilidad. Colocar artemisa cerca de herramientas de adivinación y clarividencia aumenta sus poderes. Frotar una infusión de artemisa sobre los objetos es excelente para eliminar la negatividad y limpiar el aura mágica de las bolas de cristal y los espejos mágicos.

Roble - Se cree que el roble es el más sagrado de todos los árboles. La madera de roble se utiliza para construir muchas herramientas mágicas. Queme hojas de roble para purificar el entorno. Esto ayudará a fortalecer la unidad familiar. También reduce la rivalidad entre hermanos y familiares. Lleve un poco de roble en el bolsillo para mantenerse joven y sano. Aporta fuerza y sabiduría.

Flor de la pasión - Como su nombre lo indica, esta flor es estupenda para aumentar la libido y atraer amistad y prosperidad. Coloque algunas flores de la pasión en su casa para llevar la calma y reducir los conflictos y las discusiones. Puede utilizar una infusión de flores de la pasión como baño para reducir el estrés y las discusiones. Coloque algunas flores de la pasión bajo su almohada para dormir mejor. Añada un poco de infusión en su baño durante cinco días para atraer el amor.

Menta piperita - Coloque menta piperita en las almohadas para favorecer un sueño reparador y para tener sueños proféticos. El aceite de menta se puede utilizar para ungir objetos del hogar y mobiliario doméstico. Se quema como incienso para mejorar las vibraciones de los espacios sagrados y para la curación y la protección.

Romero - El romero se usa para mejorar la memoria y, por lo tanto, es excelente para los estudiantes. También se utiliza para armar almohadas de sueños y evitar pesadillas, y es bueno para hechizos y rituales relacionados con la salud, el amor y la pasión. El romero se quema como sahumerio antes de los rituales con fines de purificación y limpieza. Antes de cualquier ritual, para mayor protección, debe lavarse las manos con una infusión de romero.

Azafrán - El azafrán es un gran afrodisíaco y ayuda en el amor, la felicidad, la fuerza y la curación. Puede llevar consigo una pequeña cantidad de azafrán para aumentar su conciencia psíquica. Si está triste o deprimido, lavarse las manos con agua infusionada con azafrán atraerá la felicidad.

Salvia - La salvia es una de las hierbas más utilizadas para purificar. También ayuda a enfrentar el dolor y las pérdidas. La salvia favorece la salud espiritual, mental y física. Escriba su deseo en una hoja de salvia y colóquela debajo de la almohada. Hágalo durante tres noches para que sus sueños y deseos se hagan realidad. Si no sueña con su deseo, recuerde enterrar la salvia para evitar cualquier daño. Lleve un poco de salvia para obtener sabiduría y mejorar su claridad. La salvia se utiliza como sahumerio para despejar y limpiar los espacios rituales antes de iniciar un trabajo mágico.

Sándalo - El pueblo romaní espolvorea polvo de sándalo alrededor de sus carromatos para alejar la negatividad. Se puede utilizar un trozo de sándalo para curar varitas rotas. Facilita la concentración y, por lo tanto, es bueno para la meditación. Sus descos pueden hacerse realidad con el siguiente hechizo: Tome un trocito de sándalo y grabe en él su deseo. Luego quémelo y visualice su deseo haciéndose realidad mientras se consume.

Hojas de té - Las hojas de té utilizadas en amuletos y talismanes son estupendas para infundir valor y fuerza. También se sabe que aumentan la libido, por lo que son perfectas para preparar bebidas relacionadas con la lujuria y la pasión. Quemar hojas de té atrae la riqueza y el dinero.

Verbena - La verbena se utiliza para el sueño, la riqueza y el dinero, además de estar relacionada con la juventud, la paz, la purificación y la protección. Guarde un poco en su casa para protegerse de las tormentas y los rayos. Si tiene pesadillas, ponga un poco de verbena bajo la almohada. Ponga un poco en el agua del baño para limpiarse mental y emocionalmente, sobre todo antes de practicar magia. También puede ponerla en amuletos de protección, especialmente para los niños.

Sauce - El sauce es el árbol sagrado de los deseos y es perfecto para la magia lunar y los trabajos de adivinación. Atrae y fortalece el amor y ayuda a superar la tristeza, la pena y la depresión. Lleve una ramita de sauce cuando tenga que enfrentarse a la muerte o a la pérdida de un ser querido.

Yuca - Esta planta se utiliza en rituales y hechizos de purificación, protección y transmutación. Utilice fibras de yuca para hacer un crucifijo y cuélguelo en su puerta principal para protegerse del mal y la negatividad. Antes de hacer un ritual mágico, limpie y purifique su cuerpo con una infusión de yuca.

Por último, una advertencia muy importante. No consuma ninguna de las hierbas, plantas y partes de plantas mencionadas en este capítulo sin consultar a un médico. Quemar sahumerios también requiere la máxima supervisión, precaución y cuidado. Por lo tanto, evítelo, especialmente en la etapa de principiante.

Capítulo 7: El tarot gitano I. Las cartas

Ahora que tiene una idea de los fundamentos de la magia gitana, vamos a sumergirnos en las prácticas adivinatorias gitanas, empezando por el tarot. La lectura de las cartas del tarot evoca imágenes de mujeres viejas, arrugadas y de pelo blanco que llevan pañuelos en la cabeza y miran dentro de bolas de cristal. Sí, es posible que las brujas gitanas vistieran así y, por supuesto, hay un aura de misticismo en torno a las cartas del tarot. Sin embargo, las lecturas del tarot ofrecen una visión de las distintas fuerzas que intervienen en su estado de vida actual y le guían para que tome decisiones sensatas e informadas para usted y sus seres queridos.

Las lecturas del tarot son excelentes para dar una idea de las diversas fuerzas en su vida actual
https://www.pexels.com/photo/assorted-tarot-cards-on-table-3088369/

Diferentes tipos de barajas de tarot

A lo largo de los años, diferentes culturas de todo el mundo han desarrollado múltiples barajas. En esta sección se describen algunas de ellas.

Baraja *Rider-Waite* - La baraja más popular disponible es la *Rider-Waite*. Comprende los arcanos mayores y menores clásicos. Fue publicada por primera vez por Arthur Edward Waite, un místico y académico. Las ilustraciones fueron realizadas por Pamela Coleman Smith, y su nombre es ahora sinónimo de las cartas del tarot.

Tarot Thoth - Esta baraja de tarot fue pensada y diseñada por el mago y ocultista inglés Aleister Crowley y fue publicada por primera vez en 1969. Las ilustraciones fueron realizadas por Lady Freida Harris, que creó, modificó y recreó dibujos según las especificaciones de Crowley.

Lo salvaje desconocido - Esta baraja está inspirada y extraída del antiguo espíritu animal y de la sabiduría animal para interpretar el presente y presagiar posibilidades futuras. Fue ilustrada y creada por Kim Krans y publicada por primera vez en 2012.

El tarot encantado - El tarot encantado fue creado por el equipo de esposos de Amy Zerner y Monte Farber. Las cartas fueron diseñadas bajo la premisa de que cualquiera que sea la pregunta que un buscador tenga en un momento determinado, revelarán las respuestas y situaciones conectadas a esa pregunta. Las lecturas de tarot a través de esta baraja no tienen por qué hacerse en persona; también se pueden hacer lecturas en línea, porque la intención es lo que importa.

El nuevo tarot mítico - Ilustrada por el internacionalmente aclamado artista griego Giovanni Caselli, la baraja del nuevo tarot mítico presenta dioses, diosas, héroes y semidioses de la mitología griega.

Como se mencionó anteriormente, la primera baraja, la de *Rider-Waite*, es la más popular, y es la que utilizan la mayoría de los lectores de tarot.

Estructura de la baraja

A continuación, se explora brevemente la estructura de la baraja, que se divide principalmente en arcanos mayores y arcanos menores.

Los arcanos mayores

Los arcanos mayores son las cartas más fácilmente reconocibles de la baraja del tarot. Los mensajes místicos que transmiten y expresan son impactantes y poderosos. Las veintidós cartas de los arcanos mayores reflejan diferentes aspectos de la vida humana. Las imágenes y los mensajes de estas cartas le dan una visión asombrosa del camino de su vida, sus sueños, sus propósitos, los obstáculos que le impiden alcanzarlos, su destino y mucho más.

Aunque cada una de las veintidós cartas de este subconjunto de la baraja del tarot lleva un mensaje específico que le guía en su viaje de la vida, colectivamente también cuentan una historia. El Loco, la primera de las veintidós cartas, es el protagonista de esa historia. Los arcanos mayores representan el viaje del Loco a medida que se encuentra con cada carta.

A medida que avanza por las otras veintiuna cartas, crece y aprende de las experiencias de la vida. La historia describe los diversos contratiempos y logros que se enfrentan a lo largo de la vida y que contribuyen a completar la propia personalidad. A continuación, se ofrece una breve descripción de las veintidós cartas de los arcanos mayores:

Carta #0 - El Loco - La primera carta de los arcanos mayores, el Loco representa los aspectos más vulnerables. El Loco es inexperto e inconsciente de sus fortalezas, debilidades y potencial. Cuando saca la carta del Loco, normalmente llama a la apertura y la voluntad de abrazar todo lo que sucederá en el futuro y aprender las lecciones que los acontecimientos y experiencias le enseñan.

Carta #1 - El Mago - La segunda carta de los arcanos mayores le recuerda que es único y especial. Le dice que tiene lo que necesita para conseguir lo que quiere. Sus dones y talentos le distinguen de la multitud. La carta del Mago le insta a no desperdiciar estas habilidades y a aprovecharlas para iniciar nuevos proyectos y/o superar retos y adversidades. Cuando saca la carta del Mago, no debe esperar más: debe avanzar y lograr sus objetivos.

Carta #2 - La Suma sacerdotisa - Indica la mente subconsciente y la conciencia. Es la carta más intuitiva de toda la baraja del tarot. Le recuerda que su mente sabe mucho más de lo que cree. Esta carta indica que debe seguir su corazón y confiar en sus instintos. Si saca la carta de la Suma sacerdotisa, es una señal para que deje de mirar hacia fuera y busque adentro las respuestas que necesita.

Carta #3 - La Emperatriz - La Emperatriz, profundamente conectada con la madre Tierra, manifiesta todo lo femenino, incluyendo la belleza, el amor y la compasión. La Emperatriz le exhorta a abrazar lo que el mundo le ofrece en cualquier situación, de modo que pueda aprovechar toda la energía para lograr los resultados que desea.

Carta #4 - El Emperador - El Emperador representa la autoridad y el poder. Esta carta es un signo de poder organizativo y liderazgo. Le recuerda que, al igual que un emperador, debe enfrentar y superar desafíos para convertirse en el rey de su vida. Si le sale esta carta, es un mensaje que le recuerda que usted tiene un gran control sobre su vida y puede decidir cómo quiere que sea.

Carta #5 - El Hierofante - El Hierofante es un mensajero de los cielos que lleva la sabiduría, la espiritualidad y el conocimiento al mundo humano. Si saca la carta del Hierofante, indica que debe seguir las reglas y normas en una situación en particular si quiere salirse con la suya. Además, es una indicación para encontrar una perspectiva espiritual de cada circunstancia considerada.

Carta #6 - Los Enamorados - La carta de los Enamorados no solo representa las relaciones románticas, sino todas las relaciones cercanas de la vida. Si le sale esta carta, significa que necesita centrarse en su vida amorosa. Normalmente, la carta de los Enamorados sale cuando se encuentra en una encrucijada y es un recordatorio de los valores y principios de su vida. La carta de los Enamorados le insta a no tomar decisiones precipitadas y equivocadas. Le dice que es su deber mirar todos los ángulos posibles de un problema dado y tomar decisiones informadas y sensatas.

Carta #7 - El Carro - Como un carro que se mueve rápidamente, esta carta es la manifestación de la determinación y el empuje humanos. Si elige la carta del Carro, puede indicarle que un acontecimiento exitoso o un esfuerzo victorioso está por venir. Esta carta también le recuerda que sus mayores éxitos no provienen de un pensamiento limitado o estrecho. Le dice que si combina el poder de su mente, su espíritu y su corazón, nada podrá detenerlo.

Carta #8 - La Fuerza - Como su nombre lo indica, esta carta representa la fuerza, aunque no necesariamente la fuerza física. Indica el poder y la fuerza de su corazón y lo valiente que es. Indica su fuerza de voluntad y su capacidad para enfrentarse a lo que la vida le depara. Si elige esta carta durante una lectura del tarot, es un mensaje de que tiene la fuerza para lidiar con lo que sea que esté enfrentando en este momento y que saldrá de la situación más fuerte y poderoso.

Carta #9 - El Ermitaño - El Ermitaño ama la soledad porque sabe que es posible encontrar soluciones y respuestas en un profundo silencio. La carta del Ermitaño le dice que la mejor manera de entender y procesar todo lo que sucede en su vida es retirarse del caos y del ruido. Le dice que encuentre su lugar de soledad para que pueda mirar hacia dentro y descubrir las respuestas a sus preguntas y las soluciones a sus preocupaciones.

Carta #10 - La Rueda de la fortuna - La Rueda de la fortuna le recuerda que la vida y las circunstancias cambian siempre, como una rueda giratoria. A veces se encuentra en la cima y a veces en el fondo. Esta carta le recuerda que nada es permanente y que todo, lo bueno y lo malo, llega a su fin. Es importante aprender todas las lecciones que las experiencias de la vida intentan enseñarle.

Carta #11 - La Justicia - La carta de la Justicia es un recordatorio de que lo que va, vuelve. Le dice que cada acción y no-acción tiene consecuencias. Su vida actual y lo que está experimentando es el resultado de sus decisiones y acciones pasadas, y es exactamente lo que se merece. Si saca esta carta, es una indicación de que debe examinar todo en su vida y asegurarse de que es lo mejor que puede.

Carta #12 - El Ahorcado - Esta carta suele aparecer cuando está en un limbo y no está seguro de qué hacer en una situación determinada. Si saca esta carta, quiere decir que no sabe qué hacer o por dónde empezar. En tal caso, comience siempre por soltar. Soltar puede ser ceder su control sobre algo o soltar los resultados y consecuencias de sus acciones. El Ahorcado le recuerda que debe hacer pequeños sacrificios para que el panorama general emerja a su favor.

Carta #13 - La Muerte - Lamentablemente, esta es una de las cartas más incomprendidas de la baraja del tarot. La carta de la Muerte no representa la muerte física. Simboliza ciclos que tienen principios y finales. Si bien la muerte representa finales, debe recordar que los finales también significan el comienzo de algo nuevo. Por lo tanto, la carta de la Muerte puede significar que es hora de dejar de aferrarse a viejas relaciones que ya no sirven a su propósito. Significa que es hora de dejar morir viejos sentimientos y recuerdos amargos y desagradables para que su corazón y su mente acepten cosas nuevas y hermosas.

Carta #14 - La Templanza - Como su nombre lo indica, esta carta representa la paciencia y la paz. Si saca esta carta, es una indicación de que fluya con la corriente, de que no se resista a las cosas y a los acontecimientos que suceden en su vida, y de que no fuerce que nada suceda. La carta de la Templanza es una clara señal de que debe tomar las cosas como vienen, ser flexible y adaptarse con sensatez a los cambios de su vida.

Carta #15 - El Diablo - Esta carta puede indicar que se siente impotente y limitado. Si saca esta carta, es probable que se sienta impotente y atrapado en una situación en la que no desea estar. El Diablo intenta convencerle de que no tiene opciones. Sin embargo, es mentira. Es su vida y usted puede retomar el control de ella. El sentimiento de estar atrapado no tiene nada que ver con fuerzas externas. Proviene únicamente de sus limitaciones internas y de la falta de voluntad para cambiar, avanzar o ver otra perspectiva. Las llaves para abrir su vida están en sus manos. Usted tiene su libertad.

Carta #16 - La Torre - La Torre representa la destrucción y es la carta más temida de la baraja del tarot. Normalmente se saca cuando toda su vida parece desmoronarse y no hay nada que pueda hacer al respecto. Esta carta le dice que deje que las cosas caigan, porque la destrucción también le permite acabar con sus debilidades. A veces, tiene que ser un iconoclasta, desafiar y destruir las cosas por completo para utilizar los restos en la construcción de algo mejor y más fuerte.

Carta #17 - La Estrella - Esta carta, que representa la curación y la esperanza, calma y tranquiliza. Trae renovación, optimismo e inspiración. Esta carta significa que está en el lado correcto del universo y que el cosmos está trabajando para usted. Está alineada con sus necesidades y deseos. Siga hacia donde su vida le está llevando.

Carta #18 - La Luna - Esta carta representa su mente subconsciente y manifiesta sus miedos reprimidos, dudas, sentimientos y pensamientos. Si elige la carta de la Luna, puede significar que está permitiendo que sus miedos y dudas le abrumen y le causen ansiedad. Estos miedos podrían anular sus recuerdos felices del pasado y su fe en un futuro feliz. Saque a la superficie estos sentimientos y pensamientos interiorizados, enfréntelos con madurez y sabiduría, y las preocupaciones y ansiedades desaparecerán.

Carta #19 - El Sol - Esta carta de luz y amor representa el optimismo y la felicidad. Si elige esta carta, significa que está en un momento feliz de su vida, y que las cosas están funcionando a su favor. Significa que se está moviendo en la dirección correcta. Escuche esta edificante carta e identifique y agradezca las cosas y personas buenas de su vida.

Carta #20 - El Juicio - Esta carta representa su pasado y su futuro uniéndose. Si recibe esta carta, es el momento de revisar lo que ha estado sucediendo en su vida, incluyendo sus elecciones y acciones, y ver si todo está alineado con el propósito final de su vida hacia el que quiere ir. Esta carta es un recordatorio de que nada está grabado en piedra y de que puede cambiar para mejor en cualquier momento de su vida.

Carta #21 - El Mundo - Esta carta es una manifestación de un círculo completo, de completar algo y tomar los frutos de su trabajo. Esta carta significa que está exactamente donde debe estar. Significa que su autoconciencia es alta y que ha alcanzado una gran comprensión de sí mismo y del mundo que le rodea. Significa que está preparado para la siguiente fase de su vida.

Los arcanos menores

El «menor» en los arcanos menores no quita en absoluto la importancia de estas cartas. De hecho, de las 78 cartas de una baraja de tarot, la mayoría son arcanos menores. Las cartas de los arcanos menores le proporcionan una visión de sus experiencias vitales a corto plazo. Son útiles, por ejemplo, para ver cómo va a ser su día o su semana. Indican a qué tipo de luchas, obstáculos y éxitos se enfrentará en los próximos días.

Cuando empieza cada mañana con una lectura de cartas del tarot, los arcanos menores que saque le ayudarán a dar lo mejor de usted en ese día en particular, sin importar las experiencias malas y/o buenas que le esperen. Los arcanos menores de la baraja de tarot se dividen en cuatro grupos de catorce cartas cada uno. Los grupos, llamados «palos» en el lenguaje de las cartas, son oros, espadas, copas y bastos. Cada uno de los cuatro palos se compone de lo siguiente:

- Cartas numeradas del uno al diez. El número uno se denomina As.
- Cuatro cartas de la corte, incluyendo el Rey, la Reina, el Caballero y el Paje.

Los bastos - Las cartas de este palo le indican cuándo debe actuar y cuándo no. Es el palo de la acción y la iniciativa.

Las copas - Este palo está relacionado con las emociones, las relaciones y la intuición. Las cartas de este palo le dan la dirección correcta en asuntos de amor y le ayudan a manejar sus emociones, desde las más pequeñas hasta las más grandes.

Las espadas - El palo de espadas simboliza los desafíos. Le da una indicación de los retos y obstáculos inminentes a los que probablemente se enfrentará y cómo aprovechar sus poderes para superarlos.

Los oros- El palo de oros se ocupa de las finanzas, la profesión y la carrera. Estas cartas responden a preguntas relacionadas con la familia, riqueza, salud y objetivos materiales a largo plazo.

Cada uno de estos palos es un indicador de ciertos aspectos de la vida. Las cartas numeradas y de la corte le muestran exactamente qué patrones energéticos están afectando a los aspectos de su vida. Echemos un vistazo a las catorce cartas y a su significado.

As (1) - Los ases suelen significar que el periodo actual del buscador (ya sea usted u otra persona) se encuentra al comienzo de una nueva aventura o empresa. Las cartas de los ases también indican empuje y determinación.

Dos (2) - La carta Dos tiene dos connotaciones contradictorias. Significa una situación dicotómica y también representa el equilibrio. Por lo tanto, no se puede avanzar hasta que se alcance el equilibrio.

Tres (3) - El Tres representa las interacciones y la comunicación y cómo afectan todos los aspectos de la vida, incluyendo el social, el profesional y el personal.

Cuatro (4) - El Cuatro representa una pausa o descanso. El descanso y la contemplación son esenciales para que cualquier viaje tenga éxito. Cuando le sale un cuatro, es el momento de dar un paso atrás y observar.

Cinco (5) - Sacar una carta de Cinco significa un momento de conflicto y adversidad. Esta carta le dice que es el momento de usar sus reservas de energía para hacer frente a experiencias negativas y desagradables. También puede significar una pérdida próxima.

Seis (6) - Los seises significan crecimiento y desarrollo. También le indican que debe encontrar su determinación interior para vencer los obstáculos y desafíos actuales para crecer y desarrollarse.

Siete (7) - Esta carta es un indicador de la confianza en usted mismo. Le dice que a pesar de los acontecimientos desagradables que ocurren en su vida, tiene los medios para superarlo todo, seguir adelante y alcanzar sus sueños.

Ocho (8) - Esta carta le dice que se prepare para cambios. Indica que el cambio es constante, y solo cuando cambie y se adapte encontrará el éxito y la felicidad. Esta carta también puede ser un indicador de que debe reevaluar su situación actual y cambiar su forma de afrontarla.

Nueve (9) - Esta carta es un indicador de muchas cosas, y le indican que debe encaminar sus esfuerzos hacia algún tipo de resultado(s). Por supuesto, puede no ser algo que usted espere o le guste.

Diez (10) - Esta carta representa una línea de meta o el final de un ciclo o periodo. Significa que recogerá los frutos y consecuencias de sus esfuerzos y acciones.

Paje - Cuando recibe una carta de Paje, sabe lo que quiere, pero no está seguro de cómo conseguirlo. El Paje es un mensaje de que debe reunir toda la información y los recursos que necesita para dar los pasos necesarios y alcanzar sus objetivos.

Caballero - Cuando saca la carta de los Caballeros, es el momento de empezar a trabajar, pasar a la acción y poner las ruedas en movimiento. El Caballero representa el movimiento, y tiene que ponerse en marcha para llegar a donde quiere.

Reina - La carta de la Reina representa su potencial interior. Sin embargo, también significa que no puede hacer las cosas solo. Le dice que es hora de buscar el consejo de las personas sabias y experimentadas de su vida.

Rey - Esta es una carta de autoridad y poder. Le recuerda su poder interior y le dice que lo aproveche para alcanzar sus metas y deseos.

La lectura de las cartas del tarot implica muchas capas de comprensión, incluyendo lo que quiere ver y oír. Su instinto también juega un papel importante. La información de este capítulo es una simple presentación de las diversas «herramientas» de interpretación.

Depende totalmente de usted, el lector, llegar a sus propias interpretaciones recurriendo a su intuición y asociando el significado de los números de las cartas con el significado de sus representaciones. El próximo capítulo profundiza en este aspecto.

Capítulo 8: Tarot gitano II - Lectura de las cartas

En este capítulo aprenderá a leer las cartas como un gitano. Las cartas de los arcanos mayores y menores encierran significados de la vida y respuestas a las preguntas. Cuando se tiran y se leen juntas, dan mensajes creíbles que apuntan en la dirección de las respuestas que se buscan al consultar las cartas del tarot. La capacidad de interpretar los significados de las cartas lanzadas reside en el sistema de creencias y las narrativas internas de cada uno. Así pues, empecemos.

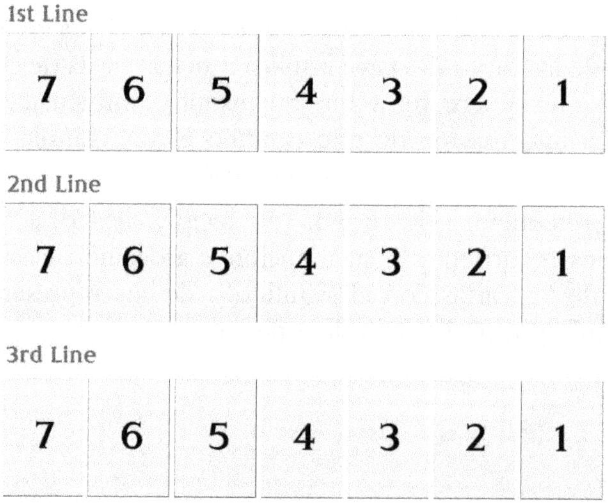

1st Line

7	6	5	4	3	2	1

2nd Line

7	6	5	4	3	2	1

3rd Line

7	6	5	4	3	2	1

Empiece por mirar cada una de las cartas y comprender lo que significan. Concéntrese en la ilustración en detalle. A continuación, concéntrese en cada carta y piense en su significado, tanto boca arriba como boca abajo. Veamos la información de las 78 cartas para este propósito.

Interpretación de los arcanos mayores

La carta del Loco - Cuando está en posición habitual, representa la inocencia, el espíritu libre y los nuevos comienzos. La carta del Loco en posición habitual significa que debe prepararse para una nueva aventura. Cuando está invertida, representa la desconsideración, la imprudencia y que se aprovechen de usted o le den por sentado.

La carta del Mago - Cuando está derecha, simboliza la creación, el deseo, la fuerza de voluntad y la manifestación. Una carta de Mago invertida simboliza la falta de contacto, el engaño y la ilusión.

La carta de la Suma sacerdotisa - Cuando está derecha, representa la voz interior, la mente subconsciente y la intuición. En posición invertida, la carta de la Suma sacerdotisa representa sentimientos reprimidos, la descentración y la desconexión de su voz interior.

La carta de la Emperatriz - Cuando está en posición vertical, simboliza a la madre naturaleza, la fertilidad y la maternidad. En posición invertida, esta carta representa una actitud entrometida, la asfixia, la dependencia y el vacío.

La carta del Emperador - En posición vertical, representa la paternidad, la estructura, la autoridad y el control. Invertida, representa la frialdad, la tiranía y la rigidez.

La carta del Hierofante - En posición vertical, representa la ética, la moral, la tradición y el conformismo. En posición invertida, representa los nuevos enfoques, la rebelión y la subversión.

La carta de los Enamorados - En posición vertical simboliza la dualidad, la unión y la asociación. En posición invertida, simboliza la falta de armonía, la unilateralidad y la pérdida de equilibrio.

La carta del Carro - En posición vertical, significa control, dirección y fuerza de voluntad. En posición invertida, simboliza agresividad y falta de control o dirección.

La carta de la Fuerza - En posición vertical, significa concentración, valentía, compasión y fuerza interior. En posición invertida, representa la inseguridad, la debilidad y la duda.

La carta del Ermitaño - En posición vertical, se refiere a la guía interior, la búsqueda de la verdad y la contemplación. En posición invertida, se refiere a la pérdida del camino, la soledad y el aislamiento.

La carta de la Rueda de la fortuna - En posición vertical, representa la inevitabilidad del destino, los ciclos y los cambios. En posición invertida, implica mala suerte, aferrarse al control y perderlo.

La carta de la Justicia - En posición vertical, representa la verdad, la claridad y la causa y efecto (o las consecuencias). En posición invertida, representa la injusticia, la deshonestidad y la falta de responsabilidad.

La carta del Ahorcado - En posición vertical, representa el martirio, el sacrificio y la liberación. En posición invertida, puede interpretarse como miedo, sacrificio innecesario o estancamiento.

La carta de la Muerte - En posición vertical, representa la metamorfosis, el cambio, el fin de los ciclos y los nuevos comienzos. En posición invertida, representa la decadencia, el estancamiento, el aferramiento y el miedo al cambio.

La carta de la Templanza - En posición vertical, representa la búsqueda del verdadero sentido, la paciencia y el camino medio y equilibrado. En posición invertida, representa la falta de equilibrio, los extremos y los excesos.

La carta del Diablo - Cuando está en posición vertical, representa el juego, el materialismo y la adicción. En posición invertida, representa la restauración del control, la liberación y la libertad.

La carta de la Torre - En posición vertical, representa el desastre, la agitación repentina y el orgullo roto. En posición invertida, manifiesta el miedo al sufrimiento, el desastre retrasado o el desastre evitado.

La carta de la Estrella - Cuando está en posición vertical, representa el rejuvenecimiento, la esperanza y la fe. En posición invertida, representa la inseguridad, la falta de fe y el desánimo.

La carta de la Luna - En posición vertical, representa la intuición, las ilusiones y el inconsciente. En posición invertida, representa la mala interpretación, la confusión y el miedo.

La carta del Sol - En posición vertical, significa positividad, alegría, éxito y celebración. En posición invertida, significa tristeza, depresión y negatividad.

La carta del Juicio - En posición vertical, significa despertar, ajuste de cuentas y reflexión. En posición invertida, representa el odio a uno mismo, la poca autoconciencia y la duda.

La carta del Mundo - Cuando está en posición vertical, simboliza la plenitud, la armonía y la realización. En posición invertida, simboliza la falta de cierre y la inquietud por las cosas que no se han completado.

Interpretación de los arcanos menores
El palo de bastos

Los bastos simbolizan nuestro poder innato para atraer la energía cósmica primigenia, que se redirige en forma de pasión, fuerza de voluntad e inspiración en nuestro interior, todo lo cual desempeña un papel importante a la hora de llevar una vida feliz, significativa y llena de propósitos. El palo de bastos representa el elemento fuego. El fuego también representa la acción y el propósito. Por lo tanto, las cartas de este palo indican sus ambiciones y planes de acción posteriores.

As de bastos - Cuando está en posición vertical, representa el deseo, la inspiración, la fuerza de voluntad y la creación. Invertida, puede significar aburrimiento y falta de energía y pasión.

Dos de bastos - En posición vertical, representa la salida de casa, la toma de decisiones y la planificación. Invertida, significa mala planificación, miedo al cambio o el conformismo.

Tres de bastos - En posición vertical, representa el crecimiento rápido, la visión de futuro y la expansión. Invertida, significa frustración, obstáculos y retrasos.

Cuatro de bastos - En posición vertical, representa la celebración, la comunidad y el hogar. Invertida, representa conflictos en el hogar, falta de apoyo y fugacidad.

Cinco de bastos - En posición vertical, representa la rivalidad, la competencia y el conflicto. Invertida, manifiesta respeto por las diferencias, conflicto y evasión.

Seis de bastos - En posición vertical, representa la recompensa pública, el éxito y la victoria. Invertida, representa el castigo, la falta de reconocimiento y el exceso de orgullo.

Siete de bastos - En posición vertical, representa el control, la actitud defensiva y la perseverancia. Al revés, significa abrumación, derrotismo y destrucción.

Ocho de bastos - Cuando está en posición vertical, significa que debe tomar decisiones rápidas o actuar con celeridad. Invertida, significa ir más despacio, esperar y no entrar en pánico.

Nueve de bastos - Cuando está en posición vertical, significa valentía y resistencia. Invertida, manifiesta motivaciones dudosas, fatiga y agotamiento.

Diez de bastos - En posición vertical, representa la carga, la responsabilidad y los logros. Invertida, representa el agotamiento, el estrés excesivo y la incapacidad para delegar.

Paje de bastos - En posición vertical, puede interpretarse como libertad, entusiasmo y exploración. Invertida, significa conflicto, falta de dirección y postergación.

Caballero de bastos - En posición vertical, representa la intrepidez, la acción y la aventura. Invertida, manifiesta imprudencia, impulsividad e ira.

Reina de bastos - En posición vertical, representa la alegría, la determinación y el valor. Invertida, significa inseguridad, celos y egoísmo.

Rey de bastos - En posición vertical, representa la superación de retos, el liderazgo y la visión de conjunto. Invertida, manifiesta objetivos y expectativas inalcanzables, impulsividad y una actitud prepotente.

El palo de copas

El palo de copas está relacionado con la creatividad, la intuición y las emociones, y representa el elemento agua. Las cartas de este palo hablan de las relaciones románticas, familiares, platónicas y de la imaginación. En casos menos positivos, las cartas del palo de copas hablan de sentimientos incontrolables.

As de copas - En posición vertical, significa intuición, espiritualidad y nuevos comienzos. Invertida, significa vacío, bloqueos en la creatividad y pérdida emocional.

Dos de copas - En posición vertical, representa la conexión, la unidad y las asociaciones. Invertida, representa la tensión, el desequilibrio y la comunicación rota.

Tres de copas - En posición vertical, representa la felicidad, la comunidad y la amistad. Invertida, manifiesta aislamiento, habladurías y exceso de indulgencia.

Cuatro de copas - En posición vertical, representa la desconexión, la apatía y la contemplación. Invertida, representa la aceptación, la revelación o la toma de conciencia repentina y la elección de la felicidad.

Cinco de copas - En posición vertical, puede interpretarse como autocompasión, pena o pérdida. Invertida, representa la búsqueda de la paz, la superación y la aceptación.

Seis de copas - En posición vertical, representa la curación, los recuerdos felices y la familiaridad. Invertida, representa la independencia, dejar el hogar y seguir adelante.

Siete de copas - En posición vertical, significa soñar despierto, tomar decisiones y buscar un propósito. Invertida, significa confusión, desvío del camino y falta de propósito.

Ocho de copas - En posición vertical, significa soltar, alejamiento y desilusión. Invertida, significa miedo a la pérdida, evasión y miedo al cambio.

Nueve de copas - En posición vertical, significa lujo, estabilidad emocional y satisfacción. Invertida, significa insatisfacción, petulancia y falta de alegría interior.

Diez de copas - En posición vertical, representa la realización de los sueños, la felicidad interior y la plenitud. Invertida, significa desarmonía doméstica, familia rota y sueños rotos.

Paje de copas - Cuando está en posición vertical, significa sensibilidad, sueños y una próxima sorpresa feliz. Invertida, significa decepción, inseguridad e inmadurez emocional.

Caballero de copas - Cuando está en posición vertical, significa romance, idealismo y seguir el corazón. Invertida, significa decepción y mal humor.

Reina de copas - En posición vertical, significa consuelo, calma y compasión. Invertida, significa dependencia, inseguridad y martirio.

Rey de Copas - En posición vertical, significa control, equilibrio y compasión. Invertida, significa malos consejos, frialdad y mal humor.

El palo de espadas

Asociado con el elemento aire, el palo de espadas se ocupa de la inteligencia, la verdad, la lógica, la ambición, la comunicación y el conflicto. Curiosamente, este palo se llama «espadas», y el intelecto y la lógica son elementos que pueden utilizarse con fines malos o buenos, como espadas de doble filo. En el peor de los casos, las cartas del palo de espadas pueden significar falta de empatía, dureza y abuso.

As de espadas - Cuando está en posición vertical, representa una mente aguda, claridad y avances. Invertido, representa el caos, la brutalidad y la confusión.

Dos de espadas - En posición vertical, representa el estancamiento, la indecisión y las elecciones difíciles. Invertido, significa confusión, tener que elegir el menor de dos males y estar atrapado.

Tres de espadas - Cuando está en posición vertical, representa la pena, el sufrimiento y el desamor. Invertida, representa la superación, el perdón y la recuperación.

Cuatro de espadas - Cuando está en posición vertical, significa tiempo de contemplación, descanso y restauración. Invertida, significa estrés, agotamiento e inquietud.

Cinco de espadas - Cuando está en posición vertical, representa la astucia, el deseo de ganar a toda costa y la ambición desenfrenada. Invertida, representa el deseo de perdonar y reconciliarse y el resentimiento persistente.

Seis de espadas - Cuando está en posición vertical, significa seguir adelante, dejar algo atrás y transición. Invertida, representa la resistencia a la transición, los asuntos sin resolver y la carga emocional.

Siete de espadas - En posición vertical, representa el engaño, la estrategia, la táctica y la decepción. Invertida, representa un cambio de enfoque y la sinceridad.

Ocho de espadas - Cuando está en posición vertical, significa autovictimización, encarcelamiento y trampa. Invertida, representa la libertad, una nueva perspectiva y la autoaceptación.

Nueve de espadas - En posición vertical, significa trauma, ansiedad y desesperanza. Invertida, significa esperanza y tender la mano.

Diez de espadas - En posición vertical, representa la derrota, el colapso y el fracaso. Invertida, significa el final inevitable, que lo peor ya está hecho y solo queda el movimiento ascendente.

Paje de espadas - En posición vertical, representa la energía mental, la inquietud y la curiosidad. Invertida, significa hablar mucho y no hacer nada, manipulación y engaño.

Caballero de espadas - Cuando está en posición vertical, significa defender sus creencias, acción e impulsividad. Invertida, significa imprevisibilidad, falta de consideración por las consecuencias y falta de dirección.

Reina de espadas - En posición vertical, representa la lucidez, la perspicacia y las situaciones complejas. Invertida, significa amargura, crueldad y frialdad.

Rey de Espadas - Cuando está derecho, significa verdad, disciplina y poner la cabeza por encima del corazón en todos los asuntos. Al revés, significa debilidad, crueldad y manipulación.

El palo de oros

Asociado con el elemento tierra, el palo de oros se ocupa de todas las cosas materialistas y mundanas, incluyendo las finanzas y el dinero, la estabilidad, la seguridad, la salud, la naturaleza y la prosperidad. Las cartas de este palo también suelen indicar asuntos relacionados con el hogar y la carrera profesional. Las cartas invertidas indican avaricia, ambición desmedida, tacañería y celos.

As de oros - Cuando está en posición vertical, representa nuevas empresas, prosperidad y oportunidades. Invertido, representa una mala inversión y una oportunidad perdida.

Dos de oros - Cuando está en posición vertical, representa la adaptación al cambio, las prioridades y el equilibrio en las decisiones. Al revés, significa abrumación, pérdida del equilibrio y desorganización.

Tres de oros - En posición vertical, representa la colaboración y el trabajo en equipo. Invertido, se manifiesta como conflicto de grupo o equipo, desorganización y falta de trabajo en equipo.

Cuatro de oros - Cuando está en posición vertical, significa seguridad, frugalidad y conservación. Invertido, significa posesividad, tacañería y avaricia.

Cinco de oros - En posición vertical, significa inseguridad, pobreza y necesidad. Invertido, significa mejora, caridad y recuperación.

Seis de oros - En posición vertical, significa compartir, generosidad y caridad. Invertida, significa dominación y poder, tacañería y ataduras a la ayuda o el apoyo.

Siete de oros - Cuando está en posición vertical, representa la diligencia, la perseverancia y el trabajo duro. Invertido, significa no obtener recompensas o trabajar sin resultados y con distracciones.

Ocho de oros - Cuando está en posición vertical, significa altos estándares, pasión y aprendizaje. Invertido, significa falta de motivación, pasión o sentimiento o falta de inspiración.

Nueve de oros - Cuando está en posición vertical, representa el lujo, las recompensas y los frutos del trabajo. Invertido, significa falso éxito, vivir por encima de las posibilidades y gastos excesivos.

Diez de oros - Cuando está en posición vertical, significa herencia, legado y culminación. Invertido, significa falta de recursos, inestabilidad y éxito efímero.

Paje de oros - Cuando está en posición vertical, manifiesta diligencia, deseo y ambición. Invertida, representa la pereza, la avaricia y la falta de compromiso.

Caballero de oros - En posición vertical, representa la responsabilidad, el trabajo duro y la eficacia. Invertido, representa el trabajo sin recompensa, la obsesión y la pereza.

Reina de oros - Cuando está en posición vertical, significa comodidad financiera, comodidades y sentido práctico. Invertida, significa asfixia, egocentrismo y celos.

Rey de oros - Cuando está en posición vertical, significa seguridad, prosperidad y abundancia. Invertido, significa sensualidad, avaricia e indulgencia.

Siga leyendo y aprendiendo sobre los mensajes y las interpretaciones de cada una de las 78 cartas de la baraja de tarot. Cuanto más lea, más conectará con las cartas que obtenga y mejores serán sus interpretaciones.

Mezclar la baraja

Antes de cualquier lectura, es imprescindible que mezcle la baraja del tarot. Este gesto aparentemente sencillo de barajar las cartas tiene mucho sentido. Es un esfuerzo deliberado para conectar con las energías de la baraja. Por lo tanto, mientras baraja las cartas, siéntalas en sus manos. Concéntrese en la pregunta que tiene. Si está buscando respuestas para otra persona, utilice el tiempo de barajar para hacerle preguntas de tal manera que entienda exactamente lo que quiere saber. Pídale que formule sus preguntas de forma correcta y precisa.

No se precipite en el proceso de barajar. Tómese su tiempo para reflexionar, pensar y visualizar la pregunta o consulta. Cuando mezcla, está abriendo el portal que conecta nuestro mundo con el mundo espiritual. Cuando esté completamente satisfecho con lo barajado, coloque las cartas en su tela favorita y comience a disponerlas.

Lectura e interpretación de las cartas del tarot

Una vez que haya comprendido los conceptos básicos de las cartas del tarot y lo que cada una representa a grandes rasgos, es hora de entender cómo leerlas una vez que haya dispuesto la tirada (la disposición gitana clásica se trata en la siguiente sección). No se limite a leer las cartas y sus significados. En su lugar, cree una narración a partir de las interpretaciones y significados que le da cada carta.

Cuando se empieza a leer las cartas del tarot, a menudo se hace «según las instrucciones», y es un buen método para principiantes. Al comenzar su viaje, lo más probable es que utilice su comprensión básica de los significados de cada carta para leer una tirada de tarot. De hecho, tenga este libro cerca para buscar los significados si tiene dudas. También puede escribir los significados en las propias cartas para facilitar la lectura. Por supuesto, si no quiere manchar sus cartas con ningún tipo de escritura o marca, es mejor tener este libro a mano.

Sin embargo, a medida que lea repetidamente y aprenda los significados de manera que pasen a formar parte de su corazón y de su alma, también deberá aprovechar el poder de su instinto. Comparta sus pensamientos con quien pregunta a medida que levanta y lee cada carta de la tirada. Solo recuerde ser amable y compasivo y no utilizar palabras que sugieran fatalidad y pesimismo. Las cartas pueden dar malas noticias, pero también muestran salidas a caminos difíciles. Así que aproveche para transmitir mensajes con sabiduría y madurez. Y lo más importante, todo el mundo tiene en su interior la capacidad de cambiar el camino a través de las elecciones que hace.

La disposición gitana clásica

Se pueden utilizar muchas disposiciones de las cartas del tarot para las lecturas. Hablaremos de la clásica tirada gitana, que es sencilla y revela mucho sobre las preguntas o dudas del consultante. Puede hacerla para usted o para otra persona. Es una tirada bastante libre que deja mucho espacio para interpretaciones flexibles dependiendo de las preguntas y de sus instintos.

Después de barajar como se ha descrito anteriormente, saque veintiún cartas y dispóngalas en tres filas de siete cartas cada una, colocando las cartas del uno al siete en la primera fila yendo de izquierda a derecha, utilizando después las cartas del ocho al catorce para formar la segunda fila y de nuevo de izquierda a derecha y, por último, las cartas del quince al veintiuno en la tercera fila de izquierda a derecha. La primera fila quedará arriba, la segunda en el centro y la última abajo.

La lectura de la tirada gitana clásica es bastante fácil y se hace mirando el pasado, el presente y el futuro. La fila superior representa el pasado, la central el presente y la inferior el futuro. En la fila superior, las cartas uno, dos y tres representan el pasado lejano, y las cartas cinco, seis y siete significan el pasado reciente.

Observe las distintas cartas de cada una de las filas, incluidas las ilustraciones, deduzca los significados de cada carta a partir de lo mencionado en el capítulo anterior y en este (incluidas las cartas invertidas), profundice en su intuición, compare las notas con sus preguntas y las respuestas surgirán muy pronto.

Además, puede profundizar en esta tirada leyendo las siete columnas de izquierda (empezando por la columna uno) a derecha (terminando con la columna siete). Veamos las columnas con más detalle.

La columna uno contiene las cartas uno, ocho y quince y representa el yo. Estas tres cartas indican los elementos más críticos de la pregunta. A veces, las cartas pueden significar la pregunta que se está planteando de entrada. Sin embargo, a veces, estas cartas pueden indicar preguntas ocultas u oscuras, pero muy relevantes, y algunos elementos relacionados en los que hay que centrarse para ver o vivir mejor la situación actual.

La columna dos manifiesta el entorno personal del buscador, que puede ser usted u otra persona que busca respuestas en su lectura del tarot. Esta columna está formada por las cartas números dos, nueve y dieciséis. El entorno personal incluye las relaciones cercanas con familiares, amigos, parejas, amantes, cónyuges, colegas y jefes. Estas cartas muestran las relaciones del buscador con estas personas en su vida, o en la suya, si está leyendo para usted mismo.

La columna tres, formada por las cartas tres, diez y diecisiete, representa los sueños y esperanzas del buscador. También es la columna que revela los miedos y ansiedades del buscador.

La cuarta columna, formada por las cartas cuatro, once y dieciocho, representa los factores conocidos y determinantes en la situación actual del buscador. Estos elementos podrían incluir los planes que ya están en marcha, las experiencias que ya han sucedido o los fracasos y éxitos de los que ya se es consciente. También señala lo que actualmente preocupa o inquieta al buscador.

La columna cinco, con las cartas números cinco, doce y diecinueve, indica un destino oculto, especialmente sorpresas a la vuelta de la esquina. Si lee las cartas de esta columna en profundidad, es probable que encuentre circunstancias imprevistas inminentes y pistas sobre la justicia kármica.

La columna seis tiene las cartas números seis, trece y veinte. Representa el futuro a corto plazo e incluye acontecimientos y experiencias que probablemente ocurrirán en los próximos meses.

La columna siete contiene las cartas números siete, catorce y veintiuno y representa los resultados y resoluciones a largo plazo. A veces, las ideas y significados que surgen de las columnas seis y siete pueden converger y/o solaparse. Si hay una falta total de superposición, puede indicar que un giro inesperado del destino es inminente.

Fin de la sesión de lectura del tarot

Después de la sesión de lectura, pregunte al buscador si sus preguntas han sido respondidas. Si lo hace para usted mismo, dedique unos instantes a ver si ha obtenido las respuestas.

Si no es así, pídale al consultante con delicadeza que haga las preguntas que antes le incomodaban, ahora que ya se ha compenetrado razonablemente bien con él. Si es para usted mismo y no está satisfecho con la lectura, profundice en su mente y pregúntese si está reteniendo algo desagradable o incómodo.

Si la respuesta es no, haga un reajuste y no dude en repetir la lectura. Tómese un breve descanso y haga una segunda lectura. Puede que desee recargar su baraja antes de hacer la segunda lectura. También es bueno esperar unas semanas para hacer una segunda lectura. Los gitanos suelen esperar a que termine el ciclo lunar actual antes de hacer otra lectura para la misma persona con las mismas preguntas.

Tanto si la lectura se resuelve satisfactoria como insatisfactoriamente, recuerde dar gracias al universo por estar con usted durante la lectura.

Capítulo 9: Otros tipos de adivinación gitana

El tarot no es la única práctica adivinatoria utilizada por el pueblo gitano. Usan muchas otras prácticas adivinatorias, incluyendo lecturas de hojas de té, clarividencia (especialmente con una bola de cristal), quiromancia, y otras. Veamos cómo funcionan algunos de estos métodos adivinatorios.

El tarot no es la única práctica adivinatoria utilizada por el pueblo romaní
https://www.pexels.com/photo/gold-kettle-pouring-hot-water-on-cup-of-tea-230477/

Lectura de las hojas de té

La práctica de leer las hojas de té que quedan en una taza después de que el buscador haya bebido la infusión se denomina taseografía o taseomancia. El lector de hojas de té identifica los símbolos formados por las hojas sobrantes e interpreta sus mensajes. Se trata de un método de adivinación sencillo pero profundo utilizado por el pueblo gitano.

La razón de que no sea tan popular como la lectura de las cartas del tarot es quizás que no se comprende muy bien, al menos todavía. Rectifiquemos ese error y aprendamos algunas nociones básicas sobre la taseomancia. Un texto de 1881 sobre la lectura de las hojas de té titulado *Reading Tea Leaves* (Leyendo las hojas de té), de un autor desconocido que responde al nombre de «*A highland seer*» (Un vidente de las tierras altas), es el documento inicial para la mayoría de los lectores de hojas de té.

La lectura de las hojas de té consiste en dirigir la energía interior para leer e interpretar los patrones formados por las hojas de té que quedan en una taza. Redirigir la energía intuitiva es la base de todos los métodos de adivinación. Cuando nos centramos en las hojas de té sobrantes, se convierten en conductos de energía y reflejan nuestras experiencias, sentimientos y pensamientos, incluido el futuro. Cuando bebemos la infusión con la mente concentrada en cualquier pregunta a la que buscamos respuesta, las hojas revelan información relevante. Estas hojas, como conductos de energía, también ofrecen consejos y predicen el futuro.

¿Cómo se leen las hojas de té? Lo primero que hay que hacer es preparar una buena taza de té; aunque el proceso difiere del de preparar té para beber habitualmente. Necesitará: Una taza de té blanca, agua caliente y hojas de té.

Puede utilizar cualquier té de su elección y gusto. Solo recuerde abstenerse de utilizar té de bolsitas, ya que su forma no permite la lectura. Ponga unas hojas de té en la taza. A continuación, vierta agua caliente sobre las hojas. No es necesario esperar a que se filtre, ya que las hojas deben permanecer en la taza.

Mientras espera a que el agua se enfríe, concéntrese en su intención (si lo hace para usted mismo) o hable con el buscador o consultante sobre sus necesidades en relación con la lectura. Concentrarse en la intención tiene por objeto transferir su energía a las hojas de té, que son muy absorbentes. Su pregunta o intención debe ser específica, porque las preguntas generales le darán respuestas generales que a menudo son insatisfactorias.

Cuando el agua se haya enfriado lo suficiente, el consultante (ya sea usted u otra persona) debe beber el té mientras continúa concentrándose en la intención. Cuando quede aproximadamente una cucharada de té en la taza, el consultante debe voltear y girar la taza. Se trata de un ritual esencial que debe realizarse con dedicación y diligencia. Pida al consultante que sostenga la taza con la mano izquierda y la gire en el sentido de las agujas del reloj.

A continuación, voltee lenta y cuidadosamente la taza con el té restante sobre un plato y déjela reposar en esta posición durante aproximadamente un minuto. A continuación, gire la taza tres veces y colóquela en posición vertical, asegurándose de que el asa mira hacia el sur. Si mira dentro, verá que las hojas de té están dispuestas alrededor de la taza en varios grupos, formas y tamaños, cada uno de los cuales contiene información sobre la intención o pregunta.

En el libro *Reading Tea Leaves* se recogen más de 150 símbolos. Se trata de un recurso de dominio público. Veamos brevemente algunos símbolos que pueden formar las hojas de té sobrantes y lo que significan.

Los patrones que se forman en la taza de té suelen clasificarse en cinco tipos: objetos, animales, números, criaturas míticas y letras con interpretaciones generales.

Objetos: Una cruz representa bloqueos. Un corazón puede significar un nuevo amor o una mejora de la armonía y el amor en una relación existente. Una vela o una bombilla significan que el consultante (o usted, si está buscando respuestas para sí mismo) recibirá nuevas ideas y conocimientos. Los triángulos son signos de buena fortuna. Si ve una cama, el consultante debe tomarse un descanso. Las manzanas representan el conocimiento.

El sol, como siempre, representa la felicidad y el éxito. Si ve una herradura, debe pedir un deseo. Una espada, un cuchillo o una daga pueden significar un peligro inminente. Si ve hojas de té formando líneas, está encadenado o hay un viaje próximo para usted. Si ve muchos puntos, le espera una mayor actividad en un futuro próximo.

Animales - Los peces son signo de buena suerte. Los elefantes representan longevidad y buena salud. Los pájaros suelen significar libertad, viajes, noticias o la llegada de un mensaje. Una abeja podría indicar que el consultante va a estar muy ocupado. Si ve un gato, podría interpretarse como un secreto que sale a la luz. Las mariposas representan el destino. Los perros, como era de esperar, representan amigos leales. Un león significa alguien en una posición de autoridad.

Números - Los números suelen referirse al tiempo. Debe leer los números junto con los patrones que los rodean, porque pueden significar cuándo sucederá algo. Pueden ser días, semanas o meses, dependiendo de la parte de la copa en la que se formen los números.

Seres míticos - Un monstruo puede significar una desviación de lo normal. Ver un ángel puede significar que alguien vela por el consultante o que está protegido.

Letras - Normalmente, las letras representan las iniciales de nombres de personas. Estas personas están relacionadas de alguna manera con la consulta o el consultante. Debe buscar formas alrededor de las letras que indiquen qué papel tiene esa persona en la lectura.

A veces, puede discernir fácilmente las formas o patrones formados y lo que significan. Por ejemplo, puede ver claramente las alas de un pájaro, lo que podría interpretarse como un viaje exitoso o algún tipo de libertad. Si ve una cruz, puede significar bloqueos u obstáculos en el camino de la intención del consultante.

Además, cada parte de la copa significa un aspecto diferente. Para leer las hojas de té, la taza se divide en tres secciones: El borde, los lados y el fondo. El borde habla del presente, el fondo representa el futuro lejano y los lados hablan del futuro próximo.

El asa de la taza representa la situación actual del consultante y, por lo tanto, debe colocarse mirando hacia el sur. El asa es el conducto de energía que conecta los reinos físico y espiritual. Las hojas de té situadas cerca del asa representan los acontecimientos y las personas del entorno inmediato del consultante. Las hojas situadas en el lado opuesto del asa representan las influencias externas del consultante.

Dependiendo de la pregunta, los lados en los que se encuentra el patrón de las hojas de té pueden utilizarse para determinar lo siguiente:

- El momento - lo pronto o tarde que ocurrirá el acontecimiento esperado.
- La conexión - la distancia entre el consultante y la(s) persona(s) implicada(s) en el suceso.

- La intensidad - por ejemplo, las hojas en el borde pueden significar que está a punto de ocurrir un acontecimiento que le cambiará la vida.

Clarividencia

La clarividencia recibe otros nombres, como hidromancia, oculomancia y videncia. *Scrying*, la palabra en inglés, proviene de una palabra arcaica, «*descry*», que se traduce como «revelar» o «mostrar tenuemente». Para los no iniciados, la clarividencia suele relacionarse con la imagen de una bruja o gitana que ve las imágenes del futuro en su bola de cristal. Debemos corregir esta imagen, «popular pero engañosa». No se trata de ver el futuro, porque nadie puede «ver» el futuro. Sin embargo, es posible especular y predecir lo que el futuro depara a los consultantes utilizando la información actual.

La clarividencia es un arte antiguo que permite ver el futuro utilizando los datos actuales junto con los instintos inherentes y el poder intuitivo, también llamado «segunda vista». La segunda vista, llamada de diversas maneras (intuición, instinto, etc.), es la capacidad inherente del ser humano de percibir cosas más allá de los cinco sentidos físicos.

El texto más antiguo que menciona la clarividencia es un texto persa del siglo X llamado *Shahnameh*. Sin embargo, se sabe que todas las culturas utilizan la adivinación de alguna forma. Para ello se utiliza una superficie reflectante, como un espejo, la superficie del agua o una bola de cristal. Los antiguos egipcios, por ejemplo, utilizaban aceite para adivinar. Los nativos americanos observaban el humo para hacer predicciones.

He aquí algunos tipos comunes de superficies de clarividencia:

- **Nubes** - Los gitanos observan las nubes y las formas que toman para ver e interpretar los mensajes que envían.
- **Cera** - La cera se deja gotear sobre una superficie plana, y se observan las formas e interpretan como mensajes cósmicos.
- **Espejo** - El espejo es el elemento más utilizado para la clarividencia por los gitanos modernos en un arte llamado catoptromancia. Consiste en mirarse en un espejo hasta que las escenas y las imágenes se funden en una sola y se forma un patrón.
- **Fuego** - Consiste en mirar las llamas ardientes. Incluso la llama de una vela o de una lámpara de aceite funciona (aunque lo

mejor es observar las llamas de una hoguera).

- **Ojo** - En esta rara pero efectiva forma de clarividencia, el practicante gitano mira a los ojos del buscador para observar los reflejos y descubrir e interpretar patrones significativos.

A continuación, hay un pequeño instructivo sobre cómo practicar la clarividencia con agua.

Teniendo en cuenta que el agua representa la conciencia, tiene mucho sentido utilizarla para aprender y revelarse a sí mismo el poder, la habilidad y los aspectos ocultos de su conciencia.

Materiales necesarios:
- Un cuenco hecho de elementos naturales como madera, mármol, etc. (marrón o negro preferiblemente).
- Agua (preferiblemente de un manantial o río, o agua de lluvia).
- Velas (dos) con encendedor o cerillas.
- Cualquier objeto pequeño (un cristal de cuarzo puede servir).
- Materiales para limpiar la energía, como el incienso.

Utilice una zona oscura para realizar la adivinación. Si lo hace al aire libre, la noche es perfecta. Asegúrese de disponer de espacio suficiente para colocar el cuenco y las velas.

Llene el cuenco de agua. Puede recoger agua de lluvia si no tiene acceso a agua corriente natural. El agua del grifo o el agua mineral también pueden servir. Los cuencos de color oscuro ayudan a concentrarse mejor que los de color claro.

Coloque el cuarzo dentro del agua, en el centro del cuenco. Puede utilizar cualquier objeto para este fin. Sin embargo, un cristal de cuarzo es ideal porque aporta equilibrio, concentración y amplificación para favorecer la clarividencia. El cristal, o el objeto que elija, será su punto central de atención. Utilice el incienso para limpiar el aura del lugar y los objetos de adivinación.

Cuando esté preparado, encienda las dos velas y colóquelas a ambos lados del cuenco de forma que el reflejo de la llama sea visible en el agua. Siéntese cómodamente delante del cuenco.

Entre en estado de trance utilizando cualquier método con el que se sienta cómodo. Para un principiante, cantar un mantra o poner una cinta grabada con ritmos de tambor funciona bien. Cierre los ojos y concéntrese en alejarse del mundo físico y entrar en su espacio mental.

Cuando se sienta relajado, concentrado y alerta, estará en un estado mental alterado. Ahora, abra los ojos y mire fijamente al agua. Tenga paciencia, porque la clarividencia puede llevar su tiempo. La mayoría de las veces se necesitan varios intentos para ver lo que se desea.

Concéntrese en su intención y deje que sus ojos se fijen en el objeto. Mírelo fijamente y deje que las imágenes que se forman vayan y vengan. No intente aferrarse a ninguna de las formas o figuras que pasan. Concéntrese en el cuenco y en el objeto que contiene. Con el tiempo, aparecerá un patrón claro de palabras o formas que le dará la respuesta que busca.

Recuerde que cuanto más mire y se relaje, mejor accederá a su mente inconsciente, el espacio que contiene muchas más respuestas que su mente consciente. La clarividencia es el arte de llegar a lo más profundo de su inconsciente.

Quiromancia

Los no iniciados y los escépticos tachan rápidamente la quiromancia de meras conjeturas, como hacen con todas las demás formas de clarividencia. Sin embargo, hay un método en la locura de las líneas entrecruzadas que se ven en las palmas de las manos, porque encierran secretos que, si se desvelan, ayudan a llevar una vida más plena y significativa. Se cree que el arte y la ciencia de la quiromancia se originaron en la India y consisten en interpretar las formas y líneas de las palmas de las manos. He aquí algunos elementos básicos de la quiromancia.

La forma de la mano

En quiromancia, existen cuatro tipos de formas de la mano, cada una de las cuales se asocia con los cuatro elementos: aire, tierra, fuego y agua. Aunque su mano puede tener la forma principal alineada con uno de los cuatro elementos, también es posible que todas las influencias elementales estén presentes en su palma. He aquí los cuatro tipos de formas de mano.

Las manos de aire son más altas que anchas y tienen los dedos largos. Las personas con manos de aire tienden a ser muy analíticas y racionales, y anteponen la razón y la lógica a todo lo demás. A menudo, dan la impresión de ser distantes porque sus mentes observan y analizan continuamente la información y los datos de su entorno. Pueden ser sarcásticos, pero respetan la imparcialidad.

Las manos terrestres suelen tener forma cuadrada. Tienen menos líneas, pero más profundas que los otros tres tipos. Al igual que con el elemento tierra, fiable y práctico, las personas con esta forma de mano son individuos muy fiables. Asumen con alegría y eficacia las cargas del mundo. No se preocupan tanto por las emociones como por hacer las cosas. Les encanta trabajar.

Las manos de fuego suelen encontrarse en personas que rezuman carisma y magnetismo. Suelen ser irregulares y estar llenas de líneas. Las personas con manos de fuego tienden a inclinarse por la diversión y la creatividad en lugar de centrarse en la microgestión o los detalles.

Las manos de agua se caracterizan por dedos huesudos y largos y palmas estrechas. Las líneas de una mano de agua son muy finas. Las personas con manos de agua son muy emocionales, casi hasta el punto de ser poco prácticas. Sin embargo, son muy compasivas, receptivas y flexibles al cambio.

Las tres líneas principales

Cuando se piensa en la quiromancia, las tres líneas principales que vienen a la mente son la del corazón, la de la cabeza y la de la vida.

La línea del corazón - La línea del corazón no responde a preguntas como las siguientes:

- ¿Cuándo encontraré el amor?
- ¿Cuándo tendré buen sexo?
- ¿Quién es mi alma gemela?
- ¿Me engaña mi pareja?

En quiromancia, la línea del corazón representa su estilo de relación o amor. Manifiesta cómo le gusta que los demás se relacionen con usted y cómo quiere relacionarse con los demás. La línea del corazón manifiesta cómo se acepta a usted mismo. Aparece de diferentes formas en la palma de la mano, por ejemplo:

Puede empezar en el borde de la palma, bajo el meñique, y curvarse suavemente hacia el índice. La persona con esta línea del corazón suele ser empática, cariñosa y generosa en las relaciones.

Puede comenzar en el dedo meñique, como en el caso anterior, y ascender de forma espectacular hacia el dedo corazón. Las personas con esta línea del corazón suelen ser muy apasionadas y estar muy enfocadas en sus deseos. Siguen sus deseos con pasión y esperan que los demás los conozcan. Son personas muy orientadas hacia sí mismas.

Las personas con líneas del corazón planas tienden a tener un enfoque romántico pero racional de las relaciones. Son reflexivas, consideradas y piensan muy profundamente en los sentimientos y las emociones. La mente de estas personas está en un continuo juicio, pensando incesantemente en los sentimientos. Las personas con una línea del corazón plana también tienden a parecer distantes.

Las personas con una línea del corazón corta (que se detiene bruscamente en algún punto por debajo del dedo corazón) suelen ser ermitañas. Aman la soledad hasta el punto de parecer egoístas cuando llega su momento de santuario. Les encanta trabajar y son personas productivas. Simplemente les gusta trabajar solos y estar solos.

La línea de la vida - Desgraciadamente, la mayoría de la gente tiene la idea errónea de que la línea de la vida indica la duración de la vida de cada persona. Sin embargo, según la quiromancia, esto no es cierto. Es la línea que muestra lo anclada o enraizada que está la persona. Habla de su estabilidad en la vida y de sus conexiones y relaciones con sus seres queridos y amigos.

- Una línea de la vida corta indica una persona trabajadora que necesita constantemente una inyección de energía vital, sobre todo cuando se siente agotada.
- Una persona con una línea delgada y débil puede experimentar una tensión interna caótica y sentirse dispersa y perdida.

La línea de la cabeza - La línea de la cabeza empieza debajo del dedo índice y termina más allá del dedo corazón. Esta línea refleja cómo funciona el cerebro y cómo tratamos los datos y la información. Existen diferentes tipos de líneas de la cabeza en quiromancia. Veamos algunos de ellos.

- Las personas con una línea plana, clara y alargada son de pensamiento claro, les encanta integrar ideas y calcular.
- Las personas con una línea de la cabeza muy larga (una que casi llega a tocar la otra palma) son las que siempre están recopilando datos e información, sintetizándolos y analizándolos. Tienen mentes hiperactivas que necesitan estar ocupadas todo el tiempo.
- Quienes tienen una línea de la cabeza larga pero deshilachada al final son aquellos cuyos procesos mentales nunca se detienen. Sus pensamientos son incesantes y tan fatigosos que, la mayoría de las veces, les resulta difícil llegar a una conclusión.

- Las personas con la línea de la cabeza corta suelen ser impulsivas a la hora de tomar decisiones. Se inclinan más hacia sus instintos y rara vez reflexionan demasiado sobre algún asunto.
- Las personas cuya línea de la cabeza cruza hacia el otro lado de la palma suelen ser aquellas que pueden conectar con el otro mundo. Suelen tener grandes poderes psíquicos que les ayudan a comunicarse con dioses y espíritus. Estas personas también tienen problemas para relacionarse con el mundo material.

Los montes en quiromancia

Las zonas carnosas de la palma de la mano se denominan montes y corresponden a los siete planetas de la astrología: Sol, Luna, Mercurio, Venus, Marte, Júpiter y Saturno. Los montes elevados y carnosos revelan los atributos equilibrados de la personalidad. Las monturas hundidas revelan los rasgos de personalidad débiles o poco desarrollados. Los montes extremadamente prominentes revelan rasgos de personalidad exagerados. Veamos los siete montes.

Monte de Saturno - El monte de Saturno está situado en la base del dedo corazón y corresponde a la fortaleza, la sabiduría y la responsabilidad. Revela la integridad del individuo.

Monte de Júpiter - El monte de Júpiter está situado en la base del dedo índice y representa el liderazgo, la confianza y la ambición. También revela las conexiones espirituales y los atributos divinos de una persona.

Monte de Apolo (o Sol) - Situado en la base del dedo anular, este monte representa la esencia dinámica, la vitalidad y el optimismo de la persona. Este monte muestra el potencial de la persona para el éxito, la creatividad y la felicidad.

Monte de Venus - Situado en la base del pulgar, este monte se ocupa de la sensualidad, el romance, el amor y la atracción. Revela la indulgencia, la pasión y la sexualidad de la persona.

Monte de la Luna - Este monte está situado en la base de la palma de la mano y debajo del dedo meñique. Simboliza la intuición, la imaginación y los poderes psíquicos. Revela la capacidad de compasión y empatía de la persona.

Monte de Marte - En quiromancia, Marte desempeña un papel destacado. Hay tres secciones diferentes en la palma de la mano que representan tres facetas de Marte: Marte interior, Marte exterior y la llanura de Marte. Marte interior está situado sobre el pulgar y representa la agresividad y la fuerza física. Marte exterior está situado bajo el dedo meñique, entre los montes de Apolo y la Luna. Representa la perseverancia y el coraje emocional. La llanura de Marte está situada entre el Marte interior y el Marte exterior, en el centro de la palma de la mano, y representa los dos Marte equilibrados.

Los elementos mencionados anteriormente son solo los fundamentos de la quiromancia. Una vez que haya dominado estos elementos, debe profundizar y aprender sobre otros, incluyendo detalles granulares como la posición y forma de los dedos, líneas más pequeñas que se ramifican de las líneas primarias, etc.

La adivinación gitana consiste en conectar con sus instintos inherentes para leer e interpretar los mensajes enviados por el universo a través de diversos medios. Cuanto más practique estos métodos de adivinación, mejor se le dará la magia gitana.

Capítulo 10: Hechizos y encantamientos gitanos

En este capítulo final, se reúnen todos los elementos presentados en los capítulos anteriores, incluyendo hierbas, símbolos, presagios, etc., para describir varios hechizos gitanos que puede probar.

Cuanto más trabaje con los elementos gitanos, más magia atraerá a su vida
https://www.pexels.com/photo/tarot-cards-and-a-crystal-ball-on-the-table-7179792/

Hechizo de curación

Los hechizos de curación se pueden utilizar para múltiples propósitos, incluyendo la curación de enfermedades físicas y heridas, corazones rotos e incluso el dolor emocional. Es importante reiterar aquí que los hechizos de curación no deben hacerse en lugar de la medicina moderna, sino para mejorar su poder curativo y dar a la persona afectada consuelo emocional y mental para que los medicamentos prescritos por los médicos calificados funcionen de manera eficiente.

El hechizo de curación descrito a continuación es el más simple y casi gratis. Es perfecto para los principiantes que no tienen el dinero o todavía no están seguros del poder de la magia gitana y no quieren gastar en hechizos. El elemento clave en todos los hechizos (especialmente en este, teniendo en cuenta que solo se utiliza agua) es su intención.

Asegúrese de que su intención es poderosa y específica. He aquí algunos ejemplos:

- Mi migraña se ha ido. Estoy completamente sano.
- Ya no me desespera que mi pareja me haya dejado. Mi corazón roto está reparado. Estoy preparado para un nuevo amor.
- Mi hueso roto está curado. Ahora puedo mover mis miembros libremente.

Todo lo que necesita es un vaso de agua. Utilice un vaso transparente para que las energías fluyan libremente. Siéntese en un lugar tranquilo y sin interrupciones y sostenga el vaso de agua entre las manos. Diga su intención en voz alta. Repítala un par de veces.

Cierre los ojos, concentre todas sus energías curativas y visualícelas transfiriéndolas al vaso de agua. Una vez que sienta que el agua del vaso está llena de su energía positiva y curativa, ya está lista para ser utilizada. Se ha encantado con su energía. Beba esta agua y visualice la energía curativa entrando en su cuerpo.

Hechizo de protección

Este hechizo de protección le mantiene a usted o a alguien más a salvo de los peligros. Es simple pero poderoso. Todo lo que necesita es una vela blanca, un portavelas y fósforos o un encendedor.

Coloque la vela en el portavelas y enciéndala. A continuación, cierre los ojos y pronuncie en voz alta el siguiente conjuro:

«Que la luz de esta vela
me proteja de todos los peligros,
Vistos, no vistos, sentidos, intangibles, de este mundo, de los otros mundos.
De todas las direcciones, de arriba y de abajo.
Que así sea».

Si lo hace para otra persona, use el nombre de la persona en lugar de «me» en la segunda línea. Repita estas líneas un par de veces y, mientras las pronuncia, visualice una burbuja de luz blanca protectora que le cubre a usted o al consultante. Mantenga la visualización todo el tiempo que quiera. Cuando se sienta satisfecho, abra los ojos, dé las gracias al universo y apague la vela.

Hechizo de la buena suerte

A todos nos gusta tener buena suerte, especialmente en ocasiones especiales, como una entrevista de trabajo, un ascenso, ser admitido en una buena universidad, etc. Este es un hechizo que atrae la buena suerte durante esos momentos. Una vez más, la profundidad y el poder de su intención juegan un papel importante en el éxito del hechizo de buena suerte.

Un frasco de hechizo de buena suerte es genial porque usted puede cargarlo consigo —una cosa perfecta cuando usted lo necesita durante una entrevista para un nuevo trabajo, promoción, admisión a la universidad, o cualquier otra cosa.

Materiales necesarios:
- Un tarro de cristal pequeño y limpio con tapa o corcho.
- Incienso limpiador, puede usar de albahaca, canela o violeta.
- Una vela verde.
- Manzanilla.
- Canela.
- Sal negra.
- Salvia.
- Clavo de olor.
- Romero.

- Tres cristales: ojo de tigre, aventurina verde y cuarzo transparente.

Encienda el incienso y úselo para limpiar todos los objetos de la lista. Mientras limpia cada uno de los cristales y hierbas, busque la ayuda de la planta o cristal para que le traiga buena suerte para el propósito específico. Cree una intención y repítala mientras limpia las hierbas y los cristales.

A continuación, añada cada elemento al frasco mientras se concentra en el resultado deseado. Puede sostener cada elemento en la mano y repetir la intención. Mientras sostiene la hierba o el cristal, visualice su energía de buena suerte difundiendo calor en su organismo. A continuación, introdúzcala en el tarro y ciérrelo con la tapa.

Mantenga el tarro en la mano y medite un rato. Visualice el resultado deseado. A continuación, encienda la vela verde y derrita un poco de cera. Utilice la cera derretida para sellar aún mejor el tarro del hechizo de la buena suerte. Mientras lo hace, repita el siguiente conjuro:

«*Hoy siento que giran los vientos,*

el viento de la suerte viene hacia mí.

El cielo está en calma; no hay tormenta.

Mis sueños se hacen realidad; serán míos.

Que así sea».

Este hechizo requiere muchos ingredientes de la buena suerte. Intente conseguir todos los que se mencionan en la lista. Sin embargo, si no puede obtenerlos todos, trate de conseguir al menos cinco de ellos para obtener un eficaz frasco de hechizo de la buena suerte.

Hechizo para desterrar maldiciones

El hechizo mencionado aquí es uno de los más simples hechizos de destierro disponibles. Si usted siente que las cosas no van bien en su vida y cree que alguien ha puesto una maldición sobre usted y/o sus seres queridos, haga este hechizo y deje que las maldiciones salgan de su vida.

Materiales Necesarios:
- Pimienta de Cayena (una pequeña cantidad).
- Salvia (un poco).

Toma un poco de la pimienta de cayena en su mano y añada un poco de salvia (el purificador). Mezcle los dos ingredientes en la palma de la mano con movimientos circulares en sentido contrario a las agujas del reloj. El movimiento contrario a las agujas del reloj es para desterrar, mientras que el de las agujas del reloj es para atraer. Mientras lo hace, imagine que la maldición que quiere desterrar es eliminada de su vida.

Cuando esté satisfecho con la mezcla de los dos ingredientes, salga al exterior y sople la mezcla con la mano. Asegúrese de soplar con fuerza para que la mezcla se disperse completa e irremediablemente, al igual que las maldiciones de su vida. Quítese los restos de la mano con un cepillo y lávese las manos.

Hechizo para desterrar el mal y las energías negativas

El hechizo detallado a continuación está diseñado para alejar el mal y la negatividad de su vida. Es un hechizo de botella, por lo que puede llevarlo con usted a donde quiera que vaya, obteniendo un aura de protección. Los hechizos de botella son muy apropiados para los principiantes porque son fáciles de hacer usando ingredientes simples.

Materiales necesarios:
- Una botella pequeña con tapón de corcho.
- Romero (un puñado).
- Siete agujas.
- Una vela negra

Limpie y seque la botella. Añada el romero. Tome una aguja a la vez e imagine todos los elementos negativos y personas en su vida entrando en esa aguja. Imagine todo el odio y los celos que está recibiendo y/o experimentando saliendo de su sistema y entrando en la segunda aguja. Imagine todo el mal en su cuerpo, mente y alma saliendo de usted y entrando en la tercera aguja. Repita la visualización hasta que haya desterrado todo el mal y los espíritus negativos en las siete agujas.

A continuación, coloque las agujas cuidadosamente, una a una, en la botella. A medida que añada cada aguja, pida un deseo de protección. Por ejemplo, puede decir: «*Me libero de todos los celos y odios*». El romero (que ya está en la botella) neutralizará lenta y seguramente toda la negatividad transferida a las agujas.

Cuando haya añadido todas las agujas, cierre la botella con el tapón de corcho y séllela. Para sellarlo, encienda la vela negra y déjela arder hasta que tenga suficiente cera para sellar la botella. Lleve esta botella con usted y protéjase de todo tipo de negatividad y maldad.

Hechizo del dinero

La magia gitana puede tener un impacto positivo en su salud financiera y atraer la riqueza a su vida. El cuenco del dinero descrito a continuación le ayudará a aumentar la abundancia en su vida. Sin embargo, es importante recordar que el cuenco del dinero no es magia de la noche a la mañana. El dinero encontrará el camino en su vida y permanecerá con usted durante un período.

La mayoría de los hechizos mágicos relacionados con la prosperidad dan beneficios óptimos cuando alinea el trabajo mágico con las fases de la luna. Comience con el principio de la fase creciente.

Materiales necesarios

- Un cuenco de cristal transparente.
- Algunas monedas.
- Incienso purificador.
- Un trozo de papel y un bolígrafo.
- Una vela verde.
- Un portavelas.
- Aceite esencial relacionado con la prosperidad (el aceite de jazmín funciona bien).
- Canela molida o entera, hojas de laurel, jengibre molido.
- Cristal de citrino.

Empiece limpiando todos los objetos de la lista. La limpieza de los objetos eliminará todas las energías negativas de ellos.

A continuación, escriba en el papel su propósito relacionado con las finanzas. ¿Qué es lo que quiere? ¿Un trabajo mejor pagado? ¿Un mejor saldo bancario? Haga que su aspiración financiera sea lo más específica posible. Por ejemplo, puede escribir: «Tengo un trabajo que me paga el doble que mi trabajo anterior». Si se fija, el ejemplo está escrito en presente. Así es como debe estar escrita su intención: como si ya hubiera conseguido lo que quiere.

Puede escribir tantas intenciones como quiera. Sin embargo, si se trata de su primer cuenco de dinero, hágalo sencillo y tenga una sola intención. Puede ir aumentando el número de cuencos del dinero.

Doble el trozo de papel en el que ha escrito su intención y colóquelo en el centro del cuenco.

Aumente el poder de su cuenco de riqueza ungiendo la vela con el aceite de jazmín antes de ponerla en el soporte y colocándola sobre el trozo de papel con su intención. Encienda la vela.

A continuación, introduzca en el cuenco todas las hierbas mencionadas en la lista de ingredientes.

Visualice su intención mientras crea el cuenco del dinero.

Lo ideal es colocar el cuenco cerca de la puerta de entrada. Deje que la vela arda durante unos diez minutos. Si no le resulta práctico hacerlo, puede colocarla en cualquier lugar seguro. Transcurridos los diez minutos, coloque el cuenco del dinero en su cuarto de trabajo.

Una o dos veces por semana, cuando se sienta atraído por él, puede añadir a su cuenco del dinero cualquiera de los materiales enumerados anteriormente. Puede seguir alimentando su cuenco del dinero todo el tiempo que quiera. Asegúrese de que el tamaño de su vela y de su cuenco son lo suficientemente grandes como para durar bastante tiempo. Si no, puede crear nuevos cuencos de dinero.

Los hechizos, encantamientos y conjuros mencionados en este capítulo son indicaciones simples de cómo utilizar la magia gitana para traer alegría y eliminar la tristeza de su vida. Apréndalos y domínelos rápidamente. Luego, use su imaginación y la gran cantidad de información dada en este libro y haga sus propios hechizos y encantamientos de acuerdo a sus necesidades y requerimientos. Cuanto más trabaje con elementos gitanos, más magia atraerá a su vida.

Conclusión

Ahora que ha leído el libro, debe volver atrás y leerlo de nuevo para poner las cosas en perspectiva. Lea cada capítulo en detalle, intente comprender lo que se dice y qué lecciones puede aprender de ello. Por ejemplo, las historias de persecución explicadas en el primer capítulo le enseñan lecciones de resistencia, crecimiento y desarrollo.

Los gitanos no se quedaron de brazos cruzados. Se defendieron, e incluso cuando perdieron contra la cruel injusticia, no permanecieron agazapados mucho tiempo. Como un ave fénix, resurgieron del polvo y empezaron de nuevo, aprendiendo e incorporando las lecciones aprendidas a sus nuevas vidas, pero sin renunciar a las culturas de sus antepasados.

Relea así cada capítulo y tome nota de los distintos elementos mágicos que se mencionan. El último capítulo enseña hechizos y encantamientos utilizando todos los elementos aprendidos en los capítulos anteriores. Pruebe todos los hechizos explicados en el último capítulo, de uno en uno, sin prisa, pero sin pausa. Domínelos, y pronto los elementos tratados en este libro estarán profundamente arraigados en su psique.

Cuando haya dominado las lecciones para principiantes, avance y profundice en el mundo de la magia gitana. Cuanto más profundo llegue en este mundo, más se descubrirá a sí mismo. Mantenga el corazón y la mente abiertos, y encuentre un nuevo propósito en su vida. Viva la vida feliz y con sentido.

Vea más libros escritos por Mari Silva

Su regalo gratuito

¡Gracias por descargar este libro! Si desea aprender más acerca de varios temas de espiritualidad, entonces únase a la comunidad de Mari Silva y obtenga el MP3 de meditación guiada para despertar su tercer ojo. Este MP3 de meditación guiada está diseñado para abrir y fortalecer el tercer ojo para que pueda experimentar un estado superior de conciencia.

https://livetolearn.lpages.co/mari-silva-third-eye-meditation-mp3-spanish/

¡O escanee el código QR!

Referencias

Beyer, C. (2012, 11 de agosto). Magia popular. Learn Religions. https://www.learnreligions.com/folk-magic-95826

Claire, H. (2018, 2 de julio). Cómo usar la magia popular. Llewellyn Worldwide. https://www.llewellyn.com/journal/article/2701

Coles, D. (2020, 21 de octubre). Una introducción al hoodoo. Cosmopolitan. https://www.cosmopolitan.com/lifestyle/a34115081/hoodoo-vs-voodoo-facts-history/

Savage, W. (2017, 29 de noviembre). «Magia ingeniosa»: Brujería, curación y superstición. Pen and Pension. https://penandpension.com/2017/11/29/cunning-folk-witchcraft-healing-and-superstition/

Scott. (2016, 28 de mayo). Magia popular y brujería, ¿cuál es la diferencia? Cailleach's Herbarium. https://cailleachs-herbarium.com/2016/05/folk-magic-witchcraft-whats-the-difference/

Shippey, A. (2018, 19 de enero). ¿Quiénes eran los sabios? - Lord⚥Matria. Lord⚥Matria. https://austinshippey.com/blog/2018/1/19/who-were-the-cunning-folk

Waldron, D. (2014). Magia popular. En Encyclopedia of Psychology and Religion (pp. 675-676). Springer US.

Wigington, P. (2019, 28 de diciembre). Magia popular Powwow: Historia y prácticas. Learn Religions. https://www.learnreligions.com/Powwow-folk-magic-4779937

Adebare, O. (2022, 28 de abril). Celebrando la historia y la cultura negras. I AM History. https://www.iamhistory.co.uk/home/10-african-gods-to-know

La vida después de la muerte según las creencias de la religión vudú. (sin fecha). Haiti Observer. http://www.haitiobserver.com/blog/after-life-beliefts-in-voodoo-religion.html

Alvarez, L. (1997, 27 de enero). Tras años de ocultismo, la santería es de repente mucho más popular. Y pública. The New York Times. https://www.nytimes.com/1997/01/27/nyregion/after-years-of-secrecy-santeria-is-suddenly-much-more-popular-and-public.html

Beyer, C. (2010, 1 de febrero). Una introducción a las creencias básicas de la religión vudú. Learn Religions. https://www.learnreligions.com/vodou-an-introduction-for-beginners-95712

Cuthbert, M. (2021, 23 de septiembre). Religión kemetista. Religiones del mundo. https://world-religions.info/kemetism-religion/

Gleimius, N. (2022, 2 de septiembre). Dioses africanos: Deidades, sistemas de creencias y leyendas de África. TheCollector. https://www.thecollector.com/african-gods-legends-of-africa-gods/

Sociedad Kemética. (s.f.). Educationforlifeacademy.com. https://educationforlifeacademy.com/kemetic-society

Formas tradicionales africanas de adorar a Dios. (sin fecha). ATIKA SCHOOL. https://www.atikaschool.org/kcsecrenotes/traditional-african-ways-of-worshiping-god

Wigington, P. (2011, 15 de noviembre). ¿Qué es la santería? Learn Religions. https://www.learnreligions.com/about-santeria-traditions-2562543

Alcamo, B. (2021, 20 de octubre). Brujería: Hacerse brujo en América Latina. JP Linguistics - French, Italian, Spanish Classes in NYC. https://www.jplinguistics.com/spanish-blog/brujera-getting-witchy-in-latin-america

Benner, M. (2018, 17 de julio). Curanderismo, la curación tradicional de la cultura mexicana. Four Directions Wellness. https://fourdirectionswellness.com/2018/07/17/curanderismo-the-traditional-healing-of-mexican-culture/

Términos culturales. (s.f.). Curanderismo. https://www.curanderismo.org/culturalterms

Gómez, S. (2020, 31 de julio). Santería y brujería: Dos prácticas religiosas arraigadas en las culturas latinoamericana y afrocaribeña. BELatina.

Martinez, J. (2020, 25 de septiembre). Por qué más afrolatinos están adoptando prácticas espirituales y de bienestar africanas. Oprah Daily. https://www.oprahdaily.com/life/a34130848/afro-latina-african-spiritual-wellness-bruja-trend/

Padilla, R., Gomez, V., Biggerstaff, S. L., & Mehler, P. S. (2001). Uso del curanderismo en el sistema de salud pública. Archives of Internal Medicine, 161(10), 1336-1340. https://doi.org/10.1001/archinte.161.10.1336

Ruelas, V. (2020, 21 de diciembre). Cómo la brujería me ayudó a sanar. Cosmopolitan. https://www.cosmopolitan.com/lifestyle/a34979780/brujeria-explained-by-brujas/

Salazar, C. L., & Levin, J. (2013). Rasgos religiosos de la formación y práctica del curanderismo. Explore (Nueva York, N.Y.), 9(3), 150-158. https://doi.org/10.1016/j.explore.2013.02.003

Snider, A. C. (2019, 11 de octubre). El significado de bruja explicado. Teen Vogue. https://www.teenvogue.com/story/brujeria-meaning-explained

Torres, N., Froeschle, J., Torres, H., & Hicks, J. (s.f.). Conciencia cultural: entender el curanderismo. Counseling.org. https://www.counseling.org/docs/default-source/vistas/article_396cfd25f16116603abcacff0000bee5e7.pdf?sfvrsn=f2eb452c_4

Trotter, R. T., Chavira, J. A., & Robert T. Trotter II (Profesor del departamento de antropología, Universidad del Norte de Arizona, Flagstaff, USA). (1997). Curanderismo: sanación popular mexicana (2ª ed.). University of Georgia Press.

Ulloa, G. (2021, 11 de octubre). La antigua práctica del curanderismo está adquiriendo una dimensión moderna. The Zoe Report. https://www.thezoereport.com/wellness/curanderismo-healing-practice-ritual

Wigington, P. (2012, 28 de marzo). ¿Qué es una bruja o brujo en brujería? Learn Religions. https://www.learnreligions.com/what-is-a-bruja-or-brujo-2561875

Wigington, P. (2015, 24 de octubre). Curanderismo: La magia popular de México. Learn Religions. https://www.learnreligions.com/curanderismo-the-folk-magic-of-mexico-2562500

Woodman, S. (2018, 13 de marzo). Lo que debe saber sobre los orígenes de la curación popular mexicana. Culture Trip; The Culture Trip. https://theculturetrip.com/north-america/mexico/articles/everything-to-know-about-mexican-folk-healing/

Allen Cross, J. (2022, 19 de abril). Tres limpias para cambiar su suerte. Spirituality & Health. https://www.spiritualityhealth.com/3-limpias-to-turn-your-luck-around

Swerdloff, A. (2016, 28 de octubre). Cómo hacer una limpieza de huevos para su aura. VICE. https://www.vice.com/en/article/wnbxnn/cleanse-your-aura-with-the-power-of-eggs

Athame, & Stang. (2017, 26 de diciembre). Nicnevin: la madre bruja escocesa. Por Athame y Stang. https://www.patheos.com/blogs/byathameandstang/2017/12/nicnevin-scottish-witch-mother/

Campsie, A. (2019, 17 de octubre). Nueve amuletos, hechizos y curas usados por las brujas de las tierras altas. The Scotsman. https://www.scotsman.com/heritage-and-retro/heritage/9-charms-spells-and-cures-used-highland-witches-1404985

Fee. (2021, 18 de enero). Más viejo que el tiempo: El mito de la Cailleach, la gran madre. Wee White Hoose; Fee. https://weewhitehoose.co.uk/study/the-cailleach/

hag o the hills. (2015, 17 de diciembre). Adivinación tradicional escocesa. Hag o' The Hills. https://hagothehills.wordpress.com/2015/12/17/traditional-scottish-divination/

Vivir limitadamente. (sin fecha). Blogspot.com.

Lou Chaika, B. (2020, 16 de octubre). El Cailleach: Una bruja para nuestro tiempo. EarthSanctuaries; Betty Lou Chaika. https://earthsanctuaries.net/the-cailleach-a-witch-for-our-times/

Scott. (2015, 7 de septiembre). ¿Qué es (y qué no) la brujería escocesa? - El papel de las mujeres sabias. Cailleach's Herbarium. https://cailleachs-herbarium.com/2015/09/what-is-scottish-witchcraft-or-not-the-role-of-the-wise-women/

Scott. (2017, 24 de abril). ¿Quién es Sidhe? - Fe de hadas y animismo en Escocia. Un desafío a la divinidad. Cailleach's Herbarium. https://cailleachs-herbarium.com/2017/04/who-the-hell-is-sidhe-fairy-faith-and-animism-in-scotland-a-challenge-to-divinity/

Scott. (2019, 10 de febrero). Las velas no se manchan- purificación y limpieza en la práctica mágica popular escocesa. Cailleach's Herbarium. https://cailleachs-herbarium.com/2019/02/saining-not-smudging-purification-and-lustration-in-scottish-folk-magic-practice/

Smith, K. (2019, 16 de agosto). ¿Qué bruja es cuál? Una historia de la brujería escocesa. Campo escocés. https://www.scottishfield.co.uk/culture/which-witch-is-which-a-history-of-scottish-witchcraft/

Surhone, L. M., Tennoe, M. T., & Henssonow, S. F. (Eds.). (2010). Biblioteca Nacional de Escocia. Betascript Publishing.

Origen y tradición de las hadas y la tierra de las hadas. (2015, 14 de agosto). Eric Edwards Collected Works. https://ericwedwards.wordpress.com/2015/08/14/the-origin-and-lore-of-fairies-and-fairy-land/

Wright, G. (2020a, 16 de agosto). Cailleach. Mythopedia. https://mythopedia.com/topics/cailleach

Wright, G. (2020b, 16 de agosto). Lugh. Mythopedia. https://mythopedia.com/topics/lugh

Blakemore, E. (2019, 15 de noviembre). Druidas-hechos e información. National Geographic. https://www.nationalgeographic.com/history/article/why-know-little-druids

Info. (2019, 25 de abril). Druida. Orden de bardos, ovates y druidas; OBOD. https://druidry.org/

Meitner, L., & Johnson, J. H. (2016, 14 de noviembre). Terreno común humanista: Paganismo. Asociación Humanista Americana. https://americanhumanist.org/paths/paganism/

La religión de los antiguos celtas: Capítulo XXI. Magia. (s.f.). Sacred-texts.com. https://www.sacred-texts.com/neu/celt/rac/rac24.htm

Quiénes eran los druidas (2017, 21 de marzo). Historic UK. https://www.historic-uk.com/HistoryUK/HistoryofWales/Druids/

BBC News. (2015, 14 de febrero). Los paganos Asatru de Islandia alcanzan una nueva cumbre con su primer templo. BBC. https://www.bbc.com/news/world-europe-31437973

Cragle, J. M. (2017). Paganismo germánico/nórdico contemporáneo y datos de encuestas recientes. Pomegranate The International Journal of Pagan Studies, 19(1), 77-116.

Dan. (2012, 14 de noviembre). Mitología nórdica para gente inteligente - la guía online definitiva sobre mitología y religión nórdica. Mitología nórdica para gente inteligente. https://norse-mythology.org/

Mitología nórdica. (2016, 27 de octubre). Historia de Inglaterra. https://englishhistory.net/vikings/norse-mythology/

Rutas del Norte. (2022, 20 de junio). Paganismo nórdico: ¿qué es y en qué creen sus seguidores? Rutas del Norte. https://www.routesnorth.com/language-and-culture/norse-paganism/

Wiles, K. (s.f.). ¿Quiénes son los vikingos? Historytoday.com. https://www.historytoday.com/who-are-vikings

אמור, א. (2020, 21 de octubre). El Árbol de la Vida y las diez sefirot. Derehateva.Co.Il. https://www.derehateva.co.il/2020/10/21/the-tree-of-life-and-the-10-sefirot/?lang=en

Sefirot - Árbol de la vida. (s.f.). Geneseo.Edu. https://www.geneseo.edu/yoga/sefirot-tree-life

My Jewish Learning. (2003, 10 de febrero). Cábala y misticismo 101. My Jewish Learning. https://www.myjewishlearning.com/article/kabbalah-mysticism-101/

Immanuel Schochet, J. (2003, 22 de septiembre). Misticismo judío: ¿Por qué es único? Jabad.Org. https://www.chabad.org/library/article_cdo/aid/380317/jewish/Jewish-Mysticism-Why-Is-It-Unique.htm

Cábala y misticismo judío. (s.f.). Jewfaq.Org. https://www.jewfaq.org/kabbalah.htm

Mi aprendizaje judío. (2006, 29 de octubre). ¿Creen los judíos en los ángeles? My Jewish Learning. https://www.myjewishlearning.com/article/angels/

My Jewish Learning. (2008, 23 de octubre). Prácticas y creencias mágicas judías. My Jewish Learning. https://www.myjewishlearning.com/article/jewish-magical-practices-beliefs/

Ángeles y Angelología. (s.f.). Jewishvirtuallibrary.Org. https://www.jewishvirtuallibrary.org/angels-and-angelology-2

Hopler, W. (s.f.). ¿Quiénes son los ángeles del Árbol de la Vida de la Cábala? Learn Religions https://www.learnreligions.com/angels-kabbalah-tree-of-life-124294

Once Significados espirituales de la canela: Lo que esta especia significa para su vida. (2022, 17 de agosto). Naturalscents.net. https://naturalscents.net/spirituality/spiritual-meaning-of-cinnamon-170

Ritual con salvia para limpiar su aura y despejar su espacio. (2015, 13 de marzo). Mindbodygreen. https://www.mindbodygreen.com/articles/smudging-101-burning-sage

Plantas sagradas aborígenes: Sage. (2013, 18 de marzo). Ictinc.Ca. https://www.ictinc.ca/blog/aboriginal-sacred-plants-sage

Acerca de. (s.f.). Doebay.com http://doebay.com/wp-content/pages/spices_and_herbs_that_spell_casters_can_use_on_spells_to_bring_love.html

Herboristería ancestral y Samhain: Trabajando en profundidad con el romero. (2019, 27 de octubre). The Druids Garden. https://thedruidsgarden.com/2019/10/27/ancestral-herbalism-and-samhain-working-deeply-with-rosemary/

Avia. (2018, 30 de marzo). Significado simbólico del muérdago: ¡Algo más que adornos navideños! Whats-your-sign.com; Whats-Your-Sign. https://www.whats-your-sign.com/symbolic-mistletoe-meaning-more-than-christmas-decorations.html

Cervantes-Curandera, P. (2016, 27 de octubre). Qué es el día de muertos. Institute of Shamanism and Curanderism. https://www.instituteofshamanismandcuranderismo.com/what-is-the-day-of-the-dead/

Propiedades mágicas de la manzanilla. (s.f.). Aroma Gregory. https://www.aromagregory.com/product/chamomile/

Canela: Significado espiritual, usos y beneficios. (s.f.). Enter the Stargate https://www.enterthestargate.com/blogs/plant-profiles/cinnamon

Dictionary.com. (2020, 23 de diciembre). ¿Qué es el muérdago y por qué nos besamos bajo él? Dictionary.com. https://www.dictionary.com/e/mistletoe/

Ellis, E. (2021, 29 de octubre). Oak Spring Garden Foundation: las plantas más mágicas del mundo. Oak Spring Garden Foundation. https://www.osgf.org/blog/2021/10/25/the-most-magical-plants

Greenwood, C. (2021, 15 de septiembre). Diez beneficios espirituales de la canela (amor, manifestación, protección, limpieza y más). Outofstress.com. https://www.outofstress.com/cinnamon-spiritual-benefits/

Greenwood, C. (2022a, 3 de febrero). Diez beneficios espirituales de la manzanilla (+ cómo usarla para protección y prosperidad). Outofstress.com. https://www.outofstress.com/chamomile-spiritual-benefits/

Greenwood, C. (2022b, 18 de mayo). Nueve beneficios espirituales de la artemisa (energía femenina, magia del sueño, limpieza y más). Outofstress.com. https://www.outofstress.com/spiritual-benefits-mugwort/

Catálogo de hierbas mágicas: Hojas de romero. (s.f.). Herbmagic.com. https://www.herbmagic.com/rosemary.html

Hierbas para el trabajo visionario en el solsticio de invierno. (2020, 20 de diciembre). The Druids Garden. https://thedruidsgarden.com/2020/12/20/herbs-for-visionary-work-at-the-winter-solstice/

Jinn, P. (2022, 25 de mayo). Incienso: 5000 años de aroma y espiritualidad. Pink Jinn. https://www.pinkjinn.com/2022/05/25/frankincense-5000-years-of-scent-and-spirituality/

Pongámonos rituales: Incienso. (s.f.). En Fiore. https://infiore.net/blogs/journal/ingredient-spotlight-frankincense

Propiedades mágicas de la artemisa (s.f.). Grove and Grotto https://www.groveandgrotto.com/blogs/articles/magickal-properties-of-mugwort

Martinelli, S. (2020, 23 de mayo). Magia botánica: Las plantas en el mito y el folclore. Three Leaf Farm. https://www.threeleaffarm.com/blog/botanical-magic-plants-in-myth-and-folklore

Baya alegre: muérdago mágico. (sin fecha). National Trust. https://www.nationaltrust.org.uk/features/merry-berry-magical-mistletoe

Michelle, H. (2018, 21 de diciembre). Magia de muérdago para la curación, la fertilidad y la protección. Witch on Fire. https://www.patheos.com/blogs/witchonfire/2018/12/mistletoe-magick-for-love-and-protection/

Moodymoons, P. by. (2015, 3 de diciembre). Diez usos mágicos de la canela. Moody Moons. https://www.moodymoons.com/2015/12/03/10-magickal-uses-for-cinnamon/

Moodymoons, P. por. (2016, 7 de marzo). Diez usos mágicos de la salvia. Moody Moons. https://www.moodymoons.com/2016/03/07/10-magickal-uses-for-sage/

Moodymoons, P. por. (2022, 4 de abril). Uso de la artemisa en brujería y hechizos. Moody Moons. https://www.moodymoons.com/2022/04/04/using-mugwort-in-witchcraft-spells/

Moone, A. (2019, 28 de mayo). Propiedades mágicas de la canela. Plentiful Earth. https://plentifulearth.com/magical-properties-of-cinnamon-cinnamon-materia-magicka/

Morningbird. (2019a, 1 de noviembre). La manzanilla. The Witchipedia. https://witchipedia.com/book-of-shadows/herblore/chamomile/

Morningbird. (2019b, 1 de noviembre). Canela. The Witchipedia. https://witchipedia.com/book-of-shadows/herblore/cinnamon/

Chamanismo septentrional: Las nueve hierbas sagradas. (s.f.). Northernshamanism.org. http://www.northernshamanism.org/the-nine-sacred-herbs.html

Barrita de salvia africana orgánica - Etsy ES. (s.f.). Etsy.com. https://www.etsy.com/listing/835313545/organic-african-sage-smudge-stick

Plantas y hierbas utilizadas para la magia. (s.f.). Bluerelicsflowers.com. https://www.bluerelicsflowers.com/Plants-and-Herbs-Used-for-Magic

Publicado por J. (2020, 19 de febrero). Folclore y usos mágicos de la manzanilla. Marble Crow. https://marblecrowblog.com/2020/02/19/chamomile-folklore-and-magical-uses/

Rhys, D. (2020, 12 de agosto). ¿Cuál es el simbolismo del muérdago? Symbol Sage. https://symbolsage.com/mistletoe-meaning-and-symbolism/

Rhys, D. (2021, 21 de junio). Hierba salvia - significado y simbolismo. Symbol Sage. https://symbolsage.com/sage-herb-meaning-symbolism/

Herramientas rituales: Trabajo sagrado con Artemisa. (s.f.). Circle Sanctuary. https://www.circlesanctuary.org/index.php/circle-magazine/sample-articles/ritual-tools-sacred-work-with-mugwort

Shade, P. (s.f.). El lado sobrenatural de las plantas - CornellBotanicGardens. Cornellbotanicgardens.org. https://cornellbotanicgardens.org/the-supernatural-side-of-plants/

Silva, J. (2021, 26 de octubre). Once Propiedades mágicas y usos espirituales del romero. Angelical Balance. https://www.angelicalbalance.com/spiritual-protection/rosemary-magical-properties/

Silva, J. (2022, 22 de julio). Nueve significados y beneficios espirituales del incienso. Angelical Balance. https://www.angelicalbalance.com/spirituality/spiritual-meaning-benefits-of-frankincense/

Cosas, C. V. P. (2022, 5 de octubre). Significado espiritual del romero: Cómo utilizar esta poderosa hierba. Coachella Valley Preserve. https://coachellavalleypreserve.org/rosemary-spiritual-meaning/

El druida de al lado: la magia del Romero. (2019, 7 de julio). Tumblr.com. https://thedruidnextdoor.tumblr.com/post/186116542942/the-magick-of-rosemary/amp

¿Qué es el aceite de incienso? Beneficios y usos del aceite de incienso. (s.f.-a). Saje US. https://www.saje.com/ingredient-garden-frankincense.html

¿Qué es el sahumerio y cómo hacerlo? (2016, 7 de junio). sage Goddess. https://www.sagegoddess.com/how-do-i-smudge/

White, A. (2022, 28 de agosto). Diez beneficios de quemar salvia, cómo empezar y mucho más. Healthline. https://www.healthline.com/health/benefits-of-burning-sage

Wigington, P. (2013, 13 de mayo). La magia y los mitos de la artemisa. Learn Religions. https://www.learnreligions.com/using-mugwort-in-magic-2562031

Wigington, P. (2014, 13 de abril). El incienso. Learn Religions. https://www.learnreligions.com/magic-and-folklore-of-frankincense-2562024

Wigington, P. (2015a, 31 de octubre). Manzanilla. Learn Religions. https://www.learnreligions.com/chamomile-2562019

Wigington, P. (2015b, 29 de noviembre). Romero. Learn Religions. https://www.learnreligions.com/rosemary-2562035

Ibiene. (2020, 15 de marzo). Signos y símbolos africanos: Aprenda lo que significan... Ibiene.Com. https://ibiene.com/africa/african-signs-and-symbols-come-learn-what-they-mean/

Tommy. (2019, 18 de abril). Dieciséis Símbolos y significados celtas/escoceses. Harreira | Everything Pirates. https://harreira.com/symbol/16-celtic-symbols-in-ancient-times/

Secretos y símbolos: Joyas de la Cábala explicadas. (2018, 1 de abril). Baltinester Jewelry & Judaica. https://www.baltinesterjewelry.com/kabbalistic-themes/

O'Hara, K. (2022, 10 de enero). Quince símbolos y significados celtas (Guía de un irlandés 2022). The Irish Road Trip. https://www.theirishroadtrip.com/celtic-symbols-and-meanings/

OCHO FAMOSOS SÍMBOLOS NÓRDICOS Y SUS SIGNIFICADOS. (sin fecha). Reykjaviktouristinfo.Is. https://blog.reykjaviktouristinfo.is/2021/12/8-famous-norse-symbols-and-their-meanings/

Símbolos africanos: Adinkra. (s.f.). Uwm.Edu. https://uwm.edu/african-diaspora-studies/wp-content/uploads/sites/203/2015/06/Symbols-Adinkra-and-VeVe.pdf

Wecker, M. (2008, 28 de octubre). ¿Qué es un hamsa? My Jewish Learning. https://www.myjewishlearning.com/article/hamsa

Rhys, D. (2020, 10 de septiembre). Simbolismo y significado de la serpiente. Symbol Sage. https://symbolsage.com/serpents-meaning-and-symbolism/

Cómo limpiar y cargar amuletos, talismanes, collares. (n.d.). Magicksymbols. https://magicksymbols.com/blogs/news/how-to-cleanse-charge-amulets-talisman-and-charms

Coen, C. D. (2022, 20 de julio). Haga su bolsa de mojo. Weird, Wacky, & Wild. https://www.weirdsouth.com/post/get-your-mojo-working

Huanaco, F. (2019, 12 de diciembre). Libro de hechizos gratis PDF: Rituales, pociones y hechizos imprimibles. Hechizos8. https://spells8.com/free-book-of-spells-pdf/

Lacy, D. (s.f.). Jueves de manualidades: Bolsas Gris Gris. Mysteryplayground.net. http://www.mysteryplayground.net/2016/02/crafty-thursday-diy-gris-gris-bags.html

Pham, O. (2022, 9 de septiembre). Runas, magia nórdica y contenido mágico. Wondrium Daily. https://www.wondriumdaily.com/runes-norse-magic-and-magical-content/

Hardy, J. (2022, 2 de julio). Doce deidades africanas: El panteón Orisha. History Cooperative; The History Cooperative. https://historycooperative.org/african-gods-and-goddesses/

López, J. S. (2021, 27 de octubre). Obatala - deidad suprema yoruba. Symbol Sage. https://symbolsage.com/obatala-yoruba-deity/

Ogun. (s.f.). Mythencyclopedia.com. http://www.mythencyclopedia.com/Ni-Pa/Ogun.html

Tabalia, J. (2021, 22 de abril). Doce famosas deidades africanas con una historia alucinante. Briefly; Briefly.co.za. https://briefly.co.za/48019-12-famous-african-goddesses-gods-mind-blowing-history.html

AA. «La cultura gitana cobra vida con la celebración de Baba Fingo». Daily Sabah

Alethia. «Clarividencia: Cómo practicar el antiguo arte de la segunda vista (Con imágenes)». LonerWolf. Última modificación: 19 de agosto de 2021. https://www.lonerwolf.com/scrying/

Una pequeña chispa de alegría. «La lista definitiva de hechizos de magia blanca para principiantes». Última modificación 23 de enero de 2023. https://www.alittlesparkofjoy.com/magic-spells-list/

Annie. «Magia gitana: Hechizos, encantamientos y folclore romaní». Panda Gossips. Última modificación: 24 de julio de 2018. https://www.pandagossips.com/posts/2055

BBC News. «En la carretera: Siglos de historia romaní». Última modificación: 8 de julio de 2009. http://news.bbc.co.uk/2/hi/europe/8136812.stm

Boswell, Lisa. «Vida real de los gitanos romaníes, creencias y costumbres». #FolkloreThursday. Última modificación, 12 de julio de 2018. https://www.folklorethursday.com/folklife/real-gypsy-life-belief-and-customs/

Bradford, Alina. «Cultura romaní: Costumbres, tradiciones y creencias». Live Science. Última modificación: 27 de noviembre de 2018. https://www.livescience.com/64171-roma-culture.html

Cris. «Simbolismo de la lluvia (siete significados en literatura y espiritualidad)». symbolism and metaphor. Última modificación 16 de enero de 2021. https://www.symbolismandmetaphor.com/rain-symbolism-meaning/

Cirkovic, Svetlana. M. «Bibi y Bibijako Djive en Serbia». Academia. Consultado el 1 de diciembre de 2022. https://www.academia.edu/42176038/Bibi_and_Bibijako_Djive_in_Serbia

Coman, Roxana. «Veinte supersticiones que solo entienden los romaníes. Culture Trip. Modificado por última vez el 8 de diciembre de 2017. https://www.theculturetrip.com/europe/romania/articles/20-superstitions-only-romanians-will-understand/

The Cut. «Cómo leer las palmas de las manos: Guía para principiantes». Última modificación 8 de septiembre de 2020. https://www.thecut.com/article/how-to-read-palms.html

Faena. «Cinco métodos antiguos de clarividencia». Consultado el 1 de diciembre de 2022. https://www.faena.com/aleph/5-ancient-methods-of-divination

First Steps New Forest. «Supersticiones». Consultado el 1 de diciembre de 2022. http://newforestromanygypsytraveller.co.uk/superstitions.php#:~:text=No%20debe%20cortar%20una,sólo%20puede%20traer%20mala%20suerte.

Good luck horseshoes. «Los gitanos romaníes y sus herraduras de la suerte». Última modificación: 21 de junio de 2022. https://www.goodluckhorseshoes.com/romany-gypsies-and-their-lucky-horseshoes/

Grauschopf, Sandra. «Siete supersticiones de la suerte (y sus extraños orígenes)». LiveAbout. Última modificación: 29 de noviembre de 2022. https://www.liveabout.com/lucky-superstitions-origin-895272

The Gypsy Haven Online Store, «Grimorio herbal». Consultado el 1 de diciembre de 2022. https://www.thegypsyhaven.com/pages/herbal-grimoire

GYPSYWOMBMAN. «Colores y significados». Consultado el 1 de diciembre de 2022. https://www.gypsywombman.com/pages/colors-meanings

Howcast. «Cómo lanzar un hechizo de destierro | Wicca». Vídeo de YouTube, 3:56. 10 de noviembre de 2013. https://www.youtube.com/watch?v=OLkdl1k7dD8

Proyecto Joshua. «Romanichal romaní en Sudáfrica». Consultado el 1 de diciembre de 2022. https://www.joshuaproject.net/people_groups/11141/SF

Kelly, Aliza. «Guía para principiantes sobre la lectura de las palmas». Allure. Modificado por última vez el 2 de diciembre de 2021. https://www.allure.com/story/palm-reading-guide-hand-lines

Kelly, Aliza. «Guía esencial de taseomancia, la práctica de leer hojas de té». Allure. Última modificación 7 de mayo de 2018. https://www.allure.com/story/how-to-read-tea-leaves-tasseography

Labyrinthos «Lista de significados de las cartas del tarot». Consultado el 1 de diciembre de 2022. https://www.labyrinthos.co/blogs/tarot-card-meanings-list

Lallanilla, Marc. «Cinco datos intrigantes sobre los gitanos». Live Science. Modificado por última vez el 28 de agosto de 2020. https://www.livescience.com/40652-facts-about-roma-romani-gypsies.html

Lam, Hiuyan. «Significado de la mano *hamsa*: Descubra cómo llevar la mano de Dios». ThePeachBox. Última modificación 23 de diciembre de 2022. https://www.thepeachbox.com/blogs/jewelry/hamsa-hand-meaning

Leland, Charles Godfrey. Brujería gitana y revelación del destino. London: T. Fisher Unwin, 1891.

Parrs, Alexandra. «Los gitanos invisibles de Egipto». Diálogo Global.

Petulengro, Paul. «Tradiciones gitanas en la actualidad». Última modificación: 19 de noviembre de 2016. https://www.petulengro.com/gypsy-traditions-today/

Romaniherstory. «El ursitorio». Consultado el 1 de diciembre de 2022. https://www.romaniherstory.com/fictionalcharacters

Shirleytwofeathers. «El mal de ojo». Hamsa - Sigils Símbolos y signos. Última modificación: 24 de septiembre de 2017. https://www.shirleytwofeathers.com/The_Blog/sigils-symbols-signs/tag/hamsa/

Shirleytwofeathers.com. «Magia y misterio». Consultado el 1 de diciembre de 2022. https://www.shirleytwofeathers.com/Magick.html

Tarot.com. «Significados de las cartas del tarot». Consultado el 1 de diciembre de 2022. https://www.tarot.com/tarot/cards/

Two Wander. «Taseografía: Símbolos y significados de la lectura de las hojas de té». Consultado el 1 de diciembre de 2022. www.twowander.com/blog/tasseography-tea-leaf-reading-symbols-and-meanings

Museo Conmemorativo del Holocausto de Estados Unidos, Washington, DC. «Los romaníes (gitanos) en la Europa de preguerra». Enciclopedia del Holocausto. Última modificación: 19 de marzo de 2021. https://encyclopedia.ushmm.org/content/en/article/roma-gypsies-in-prewar-europe

Wanderlust. «Conozca su baraja: los muchos tipos de tarot». Última modificación 8 de julio de 2018. https://www.wanderlust.com/journal/determine-deck-many-types-tarot/

Watkins, James A. «Historia de los gitanos». Owlcation. Última modificación 26 de septiembre de 2022. https://owlcation.com/humanities/The-Gypsies

Wigington, P. «La tirada gitana de las cartas del tarot». Learn Religions. Última modificación 11 de marzo de 2019. https://www.learnreligions.com/romany-spread-tarot-cards-4588969

Wright, Mackenzie. «Cómo hacer un amuleto de buena suerte con papel». eHow. Última modificación 9 de abril de 2009. https://www.ehow.com/how_4897274_make-luck-charm-out-paper.html

www.ingramcontent.com/pod-product-compliance
Lightning Source LLC
Chambersburg PA
CBHW051854160426
43209CB00006B/1296